思想学术系列

汉字史话

A Brief History of Chinese Characters

郭小武 / 著

社会科学文献出版社
SOCIAL SCIENCES ACADEMIC PRESS (CHINA)

图书在版编目（CIP）数据

汉字史话/郭小武著．—北京：社会科学文献出版社，2012.1
（中国史话）
ISBN 978 – 7 – 5097 – 2938 – 0

Ⅰ.①汉…　Ⅱ.①郭…　Ⅲ.①汉字 – 汉语史
Ⅳ.①H12

中国版本图书馆 CIP 数据核字（2011）第 253863 号

"十二五"国家重点出版规划项目

中国史话·思想学术系列

汉字史话

著　　者／郭小武

出 版 人／谢寿光
出 版 者／社会科学文献出版社
地　　址／北京市西城区北三环中路甲 29 号院 3 号楼华龙大厦
邮政编码／100029

责任部门／人文科学图书事业部　（010）59367215
电子信箱／renwen@ ssap. cn
责任编辑／赵子光　赵　亦
责任校对／杨俊芳
责任印制／岳　阳
总 经 销／社会科学文献出版社发行部
　　　　　（010）59367081　59367089
读者服务／读者服务中心（010）59367028

印　　装／北京画中画印刷有限公司
开　　本／889mm×1194mm　1/32　印张／5.75
版　　次／2012 年 1 月第 1 版　　字数／114 千字
印　　次／2012 年 1 月第 1 次印刷
书　　号／ISBN 978 – 7 – 5097 – 2938 – 0
定　　价／15.00 元

总　序

中国是一个有着悠久文化历史的古老国度，从传说中的三皇五帝到中华人民共和国的建立，生活在这片土地上的人们从来都没有停止过探寻、创造的脚步。长沙马王堆出土的轻若烟雾、薄如蝉翼的素纱衣向世人昭示着古人在丝绸纺织、制作方面所达到的高度；敦煌莫高窟近五百个洞窟中的两千多尊彩塑雕像和大量的彩绘壁画又向世人显示了古人在雕塑和绘画方面所取得的成绩；还有青铜器、唐三彩、园林建筑、宫殿建筑，以及书法、诗歌、茶道、中医等物质与非物质文化遗产，它们无不向世人展示了中华五千年文化的灿烂与辉煌，展示了中国这一古老国度的魅力与绚烂。这是一份宝贵的遗产，值得我们每一位炎黄子孙珍视。

历史不会永远眷顾任何一个民族或一个国家，当世界进入近代之时，曾经一千多年雄踞世界发展高峰的古老中国，从巅峰跌落。1840年鸦片战争的炮声打破了清帝国"天朝上国"的迷梦，从此中国沦为被列强宰割的羔羊。一个个不平等条约的签订，不仅使中国大量的白银外流，更使中国的领土一步步被列强侵占，国库亏空，民不聊生。东方古国曾经拥有的辉煌，也随着西方列强坚船利炮的轰击而烟消云散，中国一步步堕入了半殖民地的深渊。不甘屈服的中国人民也由此开始了救国救民、富国图强的抗争之路。从洋务运动到维新变法，从太平天国到辛亥革命，从五四运动到中国共产党领导的新民主主义革命，中国人民屡败屡战，终于认识到了"只有社会主义才能救中国，只有社会主义才能发展中国"这一道理。中国共产党领导中国人民推倒三座大山，建立了新中国，从此饱受屈辱与蹂躏的中国人民站起来了。古老的中国焕发出新的生机与活力，摆脱了任人宰割与欺侮的历史，屹立于世界民族之林。每一位中华儿女应当了解中华民族数千年的文明史，也应当牢记鸦片战争以来一百多年民族屈辱的历史。

当我们步入全球化大潮的 21 世纪，信息技术革命迅猛发展，地区之间的交流壁垒被互联网之类的新兴交流工具所打破，世界的多元性展示在世人面前。世界上任何一个区域都不可避免地存在着两种以上文化的交汇与碰撞，但不可否认的是，近些年来，随着市场经济的大潮，西方文化扑面而来，有些人唯西方为时尚，把民族的传统丢在一边。大批年轻人甚至比西方人还热衷于圣诞节、情人节与洋快餐，对我国各民族的重大节日以及中国历史的基本知识却茫然无知，这是中华民族实现复兴大业中的重大忧患。

中国之所以为中国，中华民族之所以历数千年而不分离，根基就在于五千年来一脉相传的中华文明。如果丢弃了千百年来一脉相承的文化，任凭外来文化随意浸染，很难设想13亿中国人到哪里去寻找民族向心力和凝聚力。在推进社会主义现代化、实现民族复兴的伟大事业中，大力弘扬优秀的中华民族文化和民族精神，弘扬中华文化的爱国主义传统和民族自尊意识，在建设中国特色社会主义的进程中，构建具有中国特色的文化价值体系，光大中华民族的优秀传统文化是一件任重而道远的事业。

当前，我国进入了经济体制深刻变革、社会结构深刻变动、利益格局深刻调整、思想观念深刻变化的新的历史时期。面对新的历史任务和来自各方的新挑战，全党和全国人民都需要学习和把握社会主义核心价值体系，进一步形成全社会共同的理想信念和道德规范，打牢全党全国各族人民团结奋斗的思想道德基础，形成全民族奋发向上的精神力量，这是我们建设社会主义和谐社会的思想保证。中国社会科学院作为国家社会科学研究的机构，有责任为此作出贡献。我们在编写出版《中华文明史话》与《百年中国史话》的基础上，组织院内外各研究领域的专家，融合近年来的最新研究，编辑出版大型历史知识系列丛书——《中国史话》，其目的就在于为广大人民群众尤其是青少年提供一套较为完整、准确地介绍中国历史和传统文化的普及类系列丛书，从而使生活在信息时代的人们尤其是青少年能够了解自己祖先的历史，在东西南北文化的交流中由知己到知彼，善于取人之长补己之短，在中国与世界各国愈来愈深的文化交融中，保持自己的本色与特色，将中华民族自强不息、厚德载物的精神永远发扬下去。

《中国史话》系列丛书首批计 200 种，每种 10 万字左右，主要从政治、经济、文化、军事、哲学、艺术、科技、饮食、服饰、交通、建筑等各个方面介绍了从古至今数千年来中华文明发展和变迁的历史。这些历史不仅展现了中华五千年文化的辉煌，展现了先民的智慧与创造精神，而且展现了中国人民的不屈与抗争精神。我们衷心地希望这套普及历史知识的丛书对广大人民群众进一步了解中华民族的优秀文化传统，增强民族自尊心和自豪感发挥应有的作用，鼓舞广大人民群众特别是新一代的劳动者和建设者在建设中国特色社会主义的道路上不断阔步前进，为我们祖国美好的未来贡献更大的力量。

陈奎元

2011 年 4 月

目　录

一　引言

　语言文字

　　人不能不开口说话，每个正常的人都需要通过说话来表达思想，进行交际，这些说出来的话就是语言，准确地说，是口头语言，又叫做有声语言。有声语言是人类独具的一种符号系统，是人类社会的黏合剂，是人类认识世界的重要工具，是人类文化信息的有效载体，是人类区别于其他动物的最主要特征之一。

　　有声语言由声音和意义两个方面构成，声音是意义的一种构造十分复杂而又系统完整的表达"符号"，意义是特定的声音所要表达出来的特定内容，二者缺一不可。例如汉字中"人"这个词儿，声音是 rén，意义是"能制造工具并使用工具进行劳动的高等动物"。rén 这个语音形式和"人"的意义内容相互结合，就表达了"人"的概念，就代表了客观现实中"人"这种事物。世界上的一切事物，人类社会所具有的一切概念，无不需要用有声语言来表达。

　　从这种意义上说，语言本身就是一种"无限"。新近出版的《汉语大词典》收录有数十万个词条，用这些词条组成语句和篇章，其涵盖的范围自然是无限的。仅以"人"为例就有"伟大的人"、"平凡的人"、"人的生活"、"人的行为"、"人是高等动物"、"人是用两条腿走路的高等动物"、"人是用两条腿走路、会说话、会干活的高等动物"、"世界万事万物中人是第一个可宝贵的"等等。自然还可以围绕"伟大的人"、"幼稚的人"、"男人的世界"和"国人的精神"等作为题目来写出无数的文章，表达无限的内容。

劳动创造了人，也创造了语言。语言是人类特有的表达思想、进行交际的工具。人类因为有了语言，就可以积累知识，形成文化，成为万物之灵。

语言的作用是伟大的，以有无语言为分水岭，可以把人和动物区分开来。文字的作用同样是伟大的，以有无文字为分水岭，可以把人类社会的原始阶段和文明阶段区分开来。由此说到有声语言的局限性和书面语言对这种局限性的补救。话说过就消失了，当时说话，后来的人听不见，彼处说话，此处的人听不见。由此可见，语言的交际功用受着时间和空间的限制，这显然会大大影响知识的积累和文化的继承。当社会发展到需要把人们的思想、经验和知识等加以记录以便流传下去、传播开来的时候，文字就在长期的社会实践中逐渐地被创造出来了。大致说来，在劳动有了分工，财富有了剩余，出现了私有财产，出现了贫富分化，出现了阶级、国家、城市、军队的情况下，人类社会开始进入文明时代，而文明时代就是需要文字的时代。

文字是记录语言、交流信息的视觉符号系统。有了文字，就可以把语言记录下来，并使之流传开去。文字的出现，将语言传送到远方，留存于后世，打破了语言在时间上和空间上所受到的限制，扩大了语言的交际功用，因而成为人类文化强有力的基石之一。

当然，从本质属性及使用范围方面来说，语言是第一性的，文字是第二性的，语言可以脱离文字而存在，文字却必须依赖于语言而存在。但在文化高度发达的现代社会以及文化更加发达的未来社会里，文字肯定是必不可少的，其效用也将日益提高。

总之，语和文，有声语言和书面语言，将在人类文化进步的每一个阶梯上留下自己的脚印。

 表意文字

从古到今，世界上到底有多少种文字，现在还不好说，但大致可以根据文字符号所表达的语言单位将它们划分为两种类型，即表意文字和表音文字。它们都是记录语言的符号，根本性质是相同的。

表意文字是用象征性符号表示词或词素的文字，这些文字不直接或不单纯表示读音。通常把古埃及文字、楔形文字和汉字看做表意文字。需要说明的是，表意文字只是个相对于表音文字的、比较笼统的概念，并不是说表意文字就不代表一定的语音单位（比如音节）。

产生于5500年前的古埃及文字，也叫古埃及象形文字或表意文字，是人类最古老的文字体系之一。图1-1为古埃及字演变举例。

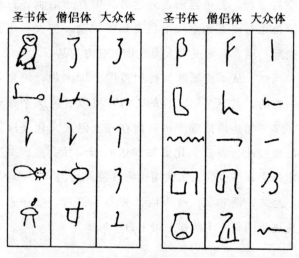

圣书体	僧侣体	大众体	圣书体	僧侣体	大众体

图1-1

楔形文字流行于古代的美索不达米亚，即两河流域，位于现在西亚的伊拉克一带。楔形文字产生的年代大致和古埃及象形文字相先后，最初是由苏美尔人创造的，后来巴比伦人、亚述人、赫梯人、波斯人等也都使用过。同古埃及文字一样，早期楔形文字也是以图形符号为主。后来由于在软泥板上用硬笔压刻成字，符号变成一头粗、一头细的短线条，像钉头或箭头，因而又叫做"钉头文字"或"箭头字"。在几千年的使用过程中，楔形文字的笔画渐渐变得简便易写，并最终由表意演进为表音。图1-2为楔形字演变举例。

文字的发明是古代文化进步的一种突出表现，而民族文化的进步离不开彼此的交流、借鉴。大约在距今三千年前，居住在美索不达米亚和埃及两大文化之间的叙利亚和巴勒斯坦的塞姆人（有人写作闪美特人）在古埃及文字的基础上，同时接受楔形文字的影响，创造出人类最早的表音文字。世界上的各种拼音文字，如拉丁

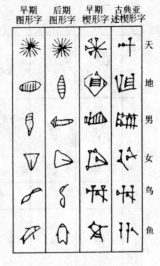

早期图形字	后期图形字	早期楔形字	古典亚述楔形字	
				天
				地
				男
				女
				鸟
				鱼

图 1-2

字母、斯拉夫字母、阿拉伯字母等，差不多都是从北方塞姆人的字母演进来的。

考古学资料表明，华夏民族大约在距今五六千年的仰韶文化时期就发明了原始的汉字。其后经过两千多年的发展，华夏民族进入文明时代，独立创造出了自己的文字体系。我们现在所能见到的十多万片甲骨文和许多青铜器铭文（即金文）就是那时文字的遗存。根据史书记载，也正是在商代，我国的先民已经有了典册文献，可惜这些典册文献都已腐烂在地下了。毫无疑问，在华夏民族的文化演进过程中，汉字的发明应用起着举足轻重的作用。

甲骨文、金文等图形性很强，也是表意文字，其基础是象形和会意，同时利用形声和假借来弥补象形、会意的不足。图 1-3 是汉字"目"及"目"旁的演变。

5

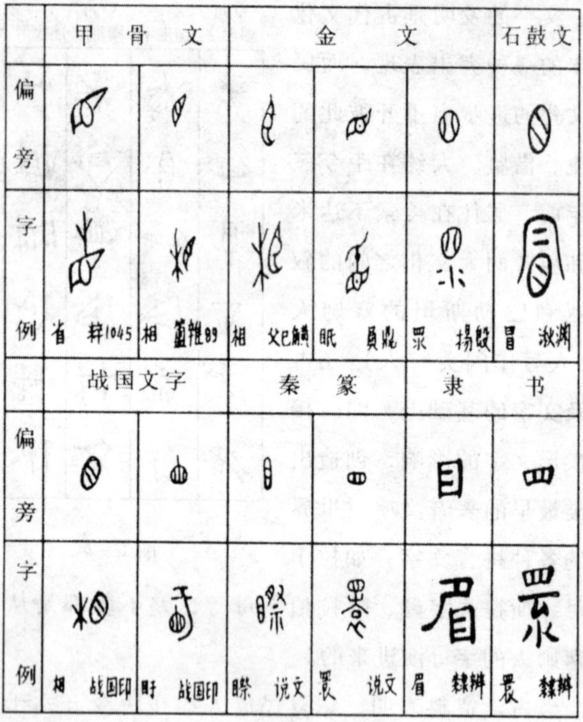

	甲　骨　文		金　文		石鼓文
偏旁					
字例	省　柊1045	相　鳢雞89	相　父巳齰	眠　員虎	冒　淑澗

	战国文字		秦　篆	隶　书	
偏旁				目	四
字例	相　战国印	时　战国印	睬　说文	眉　辨辨	眔　辨辨

图 1-3

　　我们现在使用的汉字，其源头可以上溯到甲骨文、金文，中间经过篆书、隶书等阶段的发展演变，成为今天楷书、行书的样子。汉字在总体上同样经过了一个逐渐简化的过程，即由图形变为笔画，由象形变为象征，由复杂变为简单。和古埃及文字、楔形文字不同的是，古汉字在造字原则上并没有蜕化出表音文字，而是从表形、表意到形声，一个字一个音节，绝大多数属于一半表形一半表声的形声字。

　　古老的表意文字有的已经失传，有的成为历史的陈迹，只有汉字直到今天仍然在使用，并且还保持着表意文字的特征。一般来说，在世界上主要的文字中，汉字是唯一长期使用到现在的表意文字。

有点文字学和历史文化常识的读者，或许会问：我国纳西族东巴教徒使用的纳西文或东巴文字不也是典型的表意文字吗？这话也对也不对。从发展演变上来看，纳西族有过自己的图画文字、象形文字和音节文字。其中图画文字最为原始，往往用一幅近似图画的形式来表达一个内容，尚不能记录完整的句子，不能写出来的词语往往需要补充解说，各人的解说也不尽相同。纳西象形文字在文字类型上确实是一种比较典型的表意文字，但从使用的范围来说，它们主要是用来书写东巴教的经书，带有一定的宗教性，在社会上并不十分通行。纳西音节文字的形体已十分抽象化，不应该再算作表意文字。顺便说一下，纳西族现在使用的文字，是于1957年创制的拉丁字母新文字。

音节文字是用表示音节的字母来书写的，最典型的代表是古代中美洲（在今墨西哥尤卡坦半岛和四周的广大地区）的玛雅文字和日本现在仍在使用的日文假名。音节是语音结构的基本单位，像我们的汉字，一般的，一个字就代表一个音节。

音位文字是用表示音位的字母来书写的，典型代表是拉丁字母、斯拉夫字母等。所谓音位，是指一种语言或方言里能够起到辨别词义作用的最小的语音单位。一般说，一种语言的音位数量只有几十个，而由不同的音位组合起来才构成不同的音节。因此可以认为，音位文字是音节文字朝着分析的方向进一步发展的结果，它只用较少的音位符号就足以拼写一种语言。例如英文的 26 个字母，有的代表元音（像 a、o、e、i、u），有的则代表辅音（像 b、m、d、n、g、h 等），几个字母拼合起来，代表一个音节。同表意文字和音节文字相比，音位文字有着简单便利的优点，因此在世界上也就有着最广泛的应用。如果说汉字是世界上使用人口最多的文种，英文则是世界上使用最广泛的文种。

音位文字以记录语言中较小的语音单位为出发点，用字母来拼写语言的音节或词，因此也可以称它为拼音文字。我国现在试行的汉语拼音方案，实际上就是一种拼写汉语普通话音位的方案。

了解世界上的各种文字，对学习汉字知识也是很有益处的。这里要防止产生一种误解，就是认为汉字已落后了。应该说，汉字确实有"繁"、"难"的一面，但也有适合汉民族语言特点的一面，有许多特有的长处。

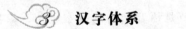

3 汉字体系

汉字是华夏民族的先民们在长期的劳动实践中集体创造出来的，是文化的结晶，智慧的结晶。汉字是世界上历史最悠久的文字之一，也是世界上使用人口最多的文字。汉字不但为我国的许多少数民族所使用和学习，而且在周边国家以及西方的华裔居住区有着广泛影响。随着我国改革开放的深入和经济文化交流的增多，海外正在掀起一股学习汉语和汉字的热潮。

作为记录汉语的符号体系，汉字以记录汉语中语素或词为出发点，一般不与汉语的语音发生一对一的关系。一个字读作一个音节，而一个音节却可以包括很多同音字。汉字记录汉语，大致是记录一个读音和一个意义相结合的语素，语音相同而意义不同的语素常用不同的字来表示。如"途、吐、兔、突、图、徒、涂、屠、土、凸、秃"等，每一个字都是一个不同的语素，却是有着相同语音的音节。在"一幅图"这个短语里，"图"既是一个语素，也是一个词；而在"地图"、"图书"等词里，"图"是一个语素，而不是一个词。弄懂字、词、音节、语素之间的关系，对理解汉字和汉语很有必要。

汉字有着自身系统和独到特点。在文字学的意义上，如前所说，汉字属于表意文字体系；在符号学的意义上，汉字符合明晰性和简约性相结合的简明原则；在美学的意义上，汉字具有美观的构形，具有相当强的艺术性和审美价值；在历史传统和文化地理上，汉字有着强大的生命力和凝聚力，它贯通了上下数千年历史，贯通了南北数千里河山，所跨越的时间和空间无疑是独一无二的。

原始汉字脱胎于记事图画，这和世界上其他民族文字的起源没有什么不同。我们现在所能看到的甲金文字还保留着图画意味。"日"是太阳，就画个圆，中间点上一点，代表日；"月"是月亮，月亮有圆有缺，为区别于"日",就画半个圆,代表月。"人"字,画个侧立的人形;"木"字,画个树木之形。这些字虽然只是勾画轮廓,表现特征,但让人一看就懂,既简单明了,又十分美观。

到春秋战国时代,诸侯割据,政治经济文化都发生了很大变化,文字上明显表现为各行其是以及随意草率的倾向。也就是说,字更简单易写了,但图画的味道也就相应地减弱,不那么容易辨认。直到秦王朝统一天下,出现了小篆,这种情况才发生了根本的改变。小篆在秦国原有文字的基础上,参考秦以外的六国文字,第一次对汉字进行了规范和划一。小篆处在图画型古文字和线条型隶书、楷书之间,兼有两方面的特点。小篆形体长方,笔画圆转,奠定了"方块汉字"的基础,汉字开始变得不那么象形了。

小篆在汉字史上的地位虽然很高,但通行的时间并不长,很快就为简便易写的隶书所取代,字形也由长方形变成扁方形。隶书作为主要的书体,在公元前后的汉代流行了大约一二百年。汉代末年又出现了笔画平直、形体方正的楷书,通行至今。

图1-4是汉字"日"、"月"的演变。

汉字演变的重要规律之一是不断地简化,但过分简化就会变得难以辨识,方便了书写的人,却把困难留给了阅读的人。这是一方面,即汉字需要规范,需要强调明晰性的一面。另一方面,仅仅强调明晰性、规整性,以至于过分繁难,同样会给学习的人和书写的人带来不便,从一个极端走向另一个极端,显然也

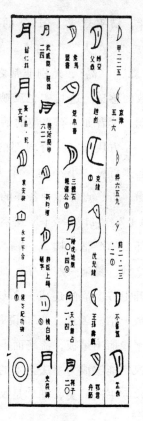

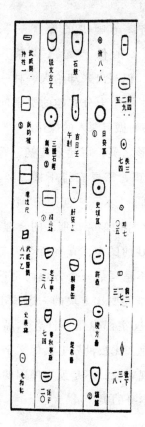

图 1-4

是行不通的。上面提到的汉字的简明原则，也就是同时关注明晰性和简约性的原则。明晰性和简约性是对立的，也是统一的，关键是处理好二者之间的关系，否则就会出现偏差。

汉字是十分讲究艺术性的，汉字书法在世界上是独一无二的。方块汉字能够给人一种稳定平衡的感觉，所以专家们谈起汉字，常常要用到"平衡律"这一概念。写在方格稿纸上，方块汉字一字占一格，大小一

11

律，横平竖直，十分的整齐。笔画少的像"一"、"二"、"人"、"丁"，笔画多的像"鑫"、"森"、"淼"、"磊"，差别非常之大，但写出来却给人一种一致的感觉。这其实也反映出了一个十分有趣的美学问题，读者如果有兴趣的话，不妨做更深入的探讨。

方块汉字又有内部的构形之美，写起来流畅，看起来舒畅。小小的一个方块里，需要安排下横、竖、撇、折、点等各种各样的笔画，"木"、"刂"、"氵"、"土"、"口"、"讠"等各种各样的偏旁，那么的合理，那么的严整，构成一幅幅巧妙的图案，真有巧夺天工之妙。复杂一些的字，如果不是写成一个方块而是拆开把各个笔画连成一条线，可能要比方块的一边长出数十倍。因此，可以说每个汉字都像是一件艺术品，平稳而不呆板，流畅而不放肆。比较世界上其他文字，汉字能够成为书法艺术的表现对象，不是没有原因的。汉字书法的美，基础是汉字本身的美。

 4 形声字问题

从汉字构造方式历史发展的总的情况来看，形声字所占比重有逐渐增加的趋势。商代甲骨文中的形声字大约占总字数的 20%，西周早期金文中的形声字大约占总字数的 40%，战国文字、秦汉文字约占 80%，唐宋以后直到现在新出现的文字大致上都采用形声字的构造方式。应该认为，形声字比重增加表明了汉字逐渐向汉语语音靠拢的倾向。但是，形声字表音成分的本身也是象形符号或者是以象形为基础的符号，和语言的语音并没有一对一的联系，并没有脱离表意系统，而只是被借用来表示一些字的读音，与表音文字的功能还有本质的区别。例如"吐"字，"口"是意符，表示"吐"与口的动作有关；"土"是声符，表示这个字的声音，但这个"土"字本身仍然是一个地地道道的象形字。

另外，形声字声旁的读音和形声字本身的读音常常有着这样那样的区别，关系十分复杂，不可以一概而论。有句俗话叫做"秀才读字读半边"，意思是掌握了形声字声旁的读音，便可以推断出形声字本身的读音。有人拿了这句话来教人学习汉字的方法，这是因为形声字声旁的读音和形声字本身的读音有许多确实是一样或大致一样的。例如"疤、粑、琶、杷、芭、吧、笆、把、钯、靶、爸、耙"等字都从"巴"声，"滨、槟、膑、傧、缤、鬓、摈、殡"等字都从"宾"声，根据"巴"或"宾"的读音推断从"巴"或"宾"声的形声字的读音，可说是十拿九稳，事半功倍，不失为简单易行的有效办法。

又有人拿了"秀才读字读半边"这句话来讽刺那种根据偏旁推断整字而弄错了的人，这是因为形声字声旁的读音和形声字本身的读音有许多确实是大不一样的。例如："台"读 tái，用"台"字作声旁的字，"抬、邰、苔、鲐"都读 tái，但"胎"却读作 tāi，"怠、殆"又读作 dài，"治"读作 zhì，"笞"读作 chī，"始"读作 shǐ，"冶"读作 yě，"怡、诒、眙、贻、饴"等读作 yí，若按"台"的读音来读"笞"或"贻"就不免会闹笑话。

实际上，汉字的声旁也好，意符也好，都只是表示一个笼统的范畴，本不好按一加一等于二的方式严格追究，再加上历史的演变，这些范畴就变得更加笼统模糊了。

这是不是说形声字的声旁和意符就已经完全丧失了存在的价值了呢？也不是，它们还有类聚和提示的作用。如上面说到的"怡、诒、眙、贻、饴"一组字，虽然不读 tái（台），但它们却都读 yí，这就有了类聚、提示、提纲挈领和举一反三的作用。意符的例子如，"犬"是狗，狗从"犬"还好理解，而"狡、猩、猿、狄、猫、玃、猿、猪、狲、犸、犹、猱、狻、猢、獠、猗、狙、猜、狂、狭、狠、猛、犯、犹、猎"都从"犬"，又都不是狗，怎么理解呢？原来这些字起初都和狗有关，把它们类聚起来，同样具有提示的作用。

文字是记录语言的，语言具有相当的抽象性和模糊性，文字也具有相当的抽象性和模糊性。在这里，我们往往不能说"这个词就是什么"，"这个字就是什么"，而要说"这个词指的什么"，"这个字和什么有关"。不妨举个特殊的例子，人们常说"心里想着什么"，"心"能想吗？显然不能。但语言就那么说，大家并不认为是错的。还有像"想、思、虑、忌、意、志、愿、怒、悲、愁、念、惜、性、情、怕、悭、慌"都从"心"，大家用惯了，并不觉得是错的。

需要说明的是，尽管现阶段使用的汉字里约有

90%是形声字，但总体上仍属表意文字体系。表意文字体系不着重表音，这是它的特点，有它不可取代的好处。我国地域广阔，自古以来方言分歧十分严重，如果用了拼音文字，各拼各的音，将会造成文字上交流的困难，也会造成文化上交流的困难。而作为表意文字的汉字，由于它的笼统性、模糊性，正好适应了各地方音大有差异这一汉语的特点，一个字大家可以不这么读，但写下来是一样的；一段话这种方言的人说了，那种方言的人可能听不懂，但写下来，大家都能看得懂。这就是好处，它使得汉民族在各个历史时期都能在书面上形成统一的语言。各方言区的人仍能凭借书面语进行交际，这一事实对于方言进一步分化起到了一定的抑制作用，而对于维护和加强汉民族以及整个中华民族的团结统一则起到了积极的凝聚作用。

二 图画、名号，汉字缘起

关于汉字起源问题，自古以来曾有过各种各样的说法，形成了学术史上的一个"谜"。这个谜的彻底解开虽然仍有待于考古文献的进一步发现、整理、积累和探讨，但也应该看到，汉字的产生并不是那么神秘，而只是一种自然而然的孕育、诞生过程。在这一过程中扮演父母角色的，很可能就是图画和名号。换一种说法，原始图画和原始名号碰撞所产生的火花，为照亮汉字缘起之路点燃了不熄的火把。

在这里，我们不妨先对以往有关汉字起源的代表性说法作些必要辨析，然后再根据考古资料进行历史考索。

 结绳记事和仓颉造字

生活在原始社会的家族、部落或其他形式的血缘、地域组织，为了自身的生存和发展，时不时总会遇到战争、猎获、会盟、选举、庆典以及联姻、生育、疾病、灾害等大大小小的各种事件。为了帮助记忆和教育后代的目的，他们又特别需要把经历的这些事情记录下来。当时的社会，有语言而无文字，怎么记录呢？只好采用绘画、刻符、结绳、串珠等各种简便易行的办法。下面仅就结绳记事略作阐释，读者可以举一反三，有所贯通。

清代学者陈澧（音 lǐ）在他的《东塾读书记》中说："盖天下事物之象，人目见之，则心有意；意欲达之，则口有声。意者，象乎事物而构之者也；声者，象乎意而宣之者也。声不能传于异地，留于异时，于是乎书之为文字。文字者，所以为意与声之迹也。"这段话十分扼要地揭示了语言、文字的本质和作用。如果联系到记录有声语言的标准来加以衡量，则结绳显然还不是文字。但结绳和文字也有相通之处，那就是它们都有记事的功能。

根据人类学、民俗学的调查资料，亚洲、非洲、大洋洲以及南、北美洲各地都曾流行过结绳记事。如秘鲁的印加人就曾经是世界上运用"结绳记事"的著名民族。他们的结绳方法比较复杂，所表达的意思也比较复杂。传统上用来记事的绳子用羊毛或骆驼毛织成，染成各种不同的颜色，用来表示不同的意义。如黄色代表黄金，白色代表白银或和睦，绿色代表禾谷，红色代表军事和兵卒，黑色代表灾难或死亡等。具体的方法是用一根比较粗的绳子作为主绳，把不同颜色的细绳系在一定的位置上，还有单结表示"十"，双结表示"二十"，重结表示"二百"等规定，不熟悉的人或外人很难理解，也难以想象。而他们则正是采用这样的方法记载了他们的刑法、政令、疆界、数计、契约、墓志等等内容。

我国古代许多少数民族也曾经流行"结绳记事"。北朝魏的先世"射猎为业，淳朴为俗，简易为化，不为文字，刻木结绳而已"（见《北史·魏本纪》）。古代苗民"不知文字，性善记，惧遗忘，则结于绳"（《小方壶斋舆地丛钞·苗疆风俗考》）。其实早在先秦时代就有不少关于结绳的记载。《庄子》说："昔者，容成氏、大庭氏、伯皇氏、中央氏、栗陆氏、骊畜氏、轩辕氏、赫胥氏、尊卢氏、祝融氏、伏羲氏、神农氏，当是时也，民结绳而用之。"书中一下子就列举12位古代传说中的首领人物，他们统治期间"民结绳而用之"，可见结绳方法在当时的确被相当广泛地应用。

然而话又说回来，无论结绳多么重要，都是无法同文字等量齐观的。过去有的学者据《周易·系辞下》"上古结绳而治，后世圣人易之以书契"的论说，推断文字起源于结绳，则显然是个误解。《周易》这句话是说文字与结绳"此起而彼伏"的兴衰更迭过程，而不是说文字就是从结绳直接蜕变来的。这正如汽车替代马车，我们并不能因此认为汽车起源于马车的道理一样。

按照上引《周易》的说法，汉字是由圣人创造发明的。"圣人"指的到底是谁呢？古书中几乎毫无例外地说就是仓颉（音 jié），又写作"苍颉"。先秦两汉的许多著作都提到了仓颉作书这件事。宋代淳化年间，有一部著名的书法集子叫《淳化阁帖》，其卷五载有古篆书28字，传说是仓颉所写。元人郑杓著有《衍极·

至朴篇》，刘有定注："北海亦有仓颉藏书台，人得其书，莫之能识。秦李斯识其八字，曰'上天作命，皇辟迭王。'汉叔孙通识其十二字。"这些记载只能看作是由仓颉造字传说附会而来的。

图2-1传说为仓颉的书迹。

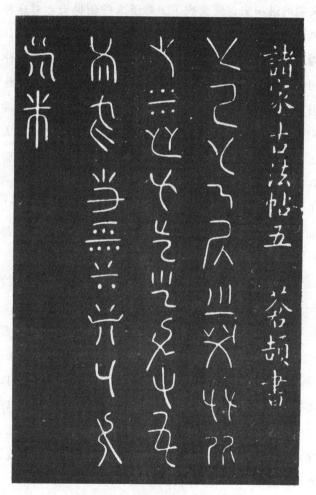

图2-1

19

《吕氏春秋·君守》记载，"奚仲作车，苍颉作书，后稷作稼，皋陶（音 gāo yáo）作刑，昆吾作陶，夏鲧（音 gǔn）作城。"从这段记述可以看出，古人特别喜欢把许多本属于广大民众在实践中共同创造的文明成果归在一些所谓的"圣人"的名下，于是一部人类文明的进步史，便变成了少数圣人的创世史。对这种错误的观念，毫无疑问应予抛弃。但是，是否可以认为这些"伟大人物"曾在文明的进程中发挥过较大作用呢？我想，应当这样辩证地看问题。就拿"仓颉作书"来说，经过人民大众长期摸索、反复试用、逐渐完善起来的约定俗成的汉字体系，绝不会是仓颉一人之力所能创出，但如果说有如仓颉这样的非凡人物曾在汉字的发源阶段进行过收集整理、推广应用之类的工作，则还是大有可能的。后世也有不少类似的例子，如李斯等人对于小篆，王羲之等人对于行楷，情形都差不多。

近代国学大师章太炎在《章氏丛书·造字缘起说》一文中认为：一、二、三这些字，横写竖写，本来是没有一定的；马、牛、鱼、鸟这些形状，姿势有卧着的，站着的，飞翔的，爬行的，这些都可以描写出来；身体有长鳞的，长羽的，长毛的，长鬣的，详略可以不拘。如果大家各写各的，没有统一标准，就不足以在社会上流传。由此说到仓颉的功劳，就是曾经对文字进行过整齐划一的工作，使大家遵循一定的标准。这样一来，那些随随便便画出来的符号，也就变成了约定俗成的书契。章太炎的观点一是具有了历史的观点，二是具有了群众的观点，又比较辩证，因此是比较可信的。

　　说来说去，似乎还没有说到仓颉究竟何许人也这个问题。这不是我们的疏忽，实在是因为历史上或许本来就不存在仓颉这么个人，他只是传说中的人物，是造字时期抽象化了的代表性人物。汉代人说他"名颉，姓侯冈"，说他"四目灵光""生而能书"，显然是一种附会。今人说"仓颉"二字是"创契"或"商契"的隐语转写，或说是"契"字的合音转写，大概也都不怎么靠得住。

　　《淮南子·本经训》："昔者，苍颉作书，而天雨粟，鬼夜哭；伯益作井，而龙登玄云，神栖昆仑。"在这里，我们姑且不论历史上到底有没有仓颉其人的问题，单就汉字起源的历史意义来说，那真是一件惊天地、泣鬼神的伟大事业。也就从那时起，华夏民族看到了文明时代的曙光。

图画和文字

　　我国美术、书法界一向有"书画同源"或"字画同源"的提法，一些文字学论著也借用来阐释文字起源的问题。我们注意到，一方面，这一提法比较深刻地揭示了原始图画和原始文字之间所固有的密切联系，具有一定的启发性；另一方面，它也混淆了原始图画和原始文字在产生时代上的先后之别，还带有相当的片面性。正确的看法似乎应该说，原始文字是从原始图画发展演变而来的。原始的文字，记录了原始的语言，作为符号体系的文字在本质上已远远超出了作为美学艺术的图画所能涵盖的范围。

在讨论汉字起源问题时，学术界长期以来又有所谓"文字画"和"图画文字"两个概念孰是孰非的争论。沈兼士的《文字形义学》说："到了铜器时代的后期，文字画的形式，似乎渐渐地蜕化成为象形文字。"唐兰的《中国文字学》则认为："文字画的理论是不彻底的。"梁东汉先生的《汉字的结构及其流变》也认为："严格地说，'文字画'这个术语本身就很有问题，因为是文字就不是图画，是图画就不是文字，图画和文字，二者是有排斥性的。"裘锡圭先生《文字学概要》又来了个"否定之否定"："在文字产生之前，人们曾经用画图画和作图解的办法来记事或传递信息。通常把这种图画和图解称为文字画或图画文字。按照'文字'的狭义用法来看，图画文字这个名称是不恰当的，文字画这个名称则可以采用。文字画是作用近似文字的图画，而不是图画形式的文字。"

其实，双方的争论是形而上的，关键还在于论述的方式和论证的力度。在我们看来，文字画也好，图画文字也好，都较好地表达了文字起源于图画的思想。

如果认真地追溯一下历史，不难发现，文字起源于图画的观念，在古人也是相当清楚地具备了的。我国东汉杰出的文字学家许慎在他的《说文解字·叙》中提到：仓颉起初创制文字的时候，大致是按照种类来分别摹写事物形象的，所以叫做"文"；其后形声推衍增益，就叫做"字"。"文"是事物形象的根本，"字"说的是繁衍增多。写在竹简缣帛上的叫做"书"，"书"的意思是如其原样。由此可以看出，许慎对于"文"和"字"、"象形"和"形声"以及"书"的论证，正是站在了他当时的理论高度，对从图画到文字的历史演变过程，进行了相当精辟的阐述。

在通行的古文字学论著中，为了论证汉字起源于图画的问题，大家经常引用到的材料主要包括：古代流传下来的岩画，其他民族曾经使用过的图画文字，考古发掘所见玉刻图画、骨刻图画、陶器纹饰及金文名号等。这里先看一下前两项材料中的例子。

图2－2系原始岩窟艺术中的"人射鹿"与古汉字中"人射鹿"的对比例，图2－3系内蒙古阴山岩画车马射猎例。

唐兰在《中国文字学》中指出："在岩窟艺术里描写出一个射鹿的故事，一个人手里张弓搭箭，射一只迎面而来的牡鹿。要是用简短的语言叙述出来，就是'人射鹿'。要把语言改变为文字时，人和鹿都有象形字，我们只要把弯弓搭箭去射的一点分析出来就成为'射'字了。"

裘锡圭先生的《文字学概要》对唐说有所修正，他说："谁都能够看出来，如

图2－2

图 2 - 3

果仅仅为了表示人射鹿这一类意思，并没有必要撇开
图画去另造文字。从后面要谈到的纳西文的情况看，
在原始文字阶段，文字和图画大概是长期混在一起使
用的。对人、鹿等物和射这类具体动作的象形符号来
说，文字和图画的界线是不明确的。"

为便于开阔思路，下面再看看裘先生提到的纳西
文的例子。

图 2 - 4 是丽江纳西族经典《古事记》中的一段文
字。大意是这样的："把这蛋抛在湖里头，左边吹白
风，右边吹黑风。风荡漾着
湖水，湖水荡漾着蛋。蛋撞
在山崖上，便生出一个光华
灿烂的东西来。"裘先生认
为："在这段原始文字里，

图 2 - 4

虽然已经使用了假借字和形声字，但是很多意思仍然是用文字画的手法表示出来的。""古汉字、圣书字、楔形文字等独立形成的古老文字体系，一定也经历过跟纳西文相类的、把文字跟图画混合在一起使用的原始阶段。"

图 2－5 采自由方国瑜编撰、和志武修订的《纳西象形文字谱》。作者说："以上十个字的这段经文，虽然用了两个假借字，但仍像一幅记事的图形符号。这十个字要代表十三句话，七十九个音节，平均一点三个字代表一句话，一个字代表八个音节左右。所以从字与词、句的关系来看，仍然只起到'以字记忆，启发音读'的作用，没有完整准确地记录语言。"

图 2－5

纳西文的这些资料以及作用的认识，为我们推想原始汉字由图画蜕变出来时的大致情形，提供了有益参考。

这里需要把图画与文字的区别和联系搞清楚。一般的图画总是形象尽可能逼真，画法尽可能不同，尤其讲究个性和神态。记事图画的特点则是用整幅的图画表示某种意思，不能分解为与词相当的单位，没有固定的读音，意义也不那么确定。比如画一头野牛和一群人，到底是"众人包围了一头野牛"呢，还是

"众人获得了一头野牛"呢？是"众人为野牛治病"呢，还是"众人用野牛祭祀"呢？局外人很难清楚，时代久了，恐怕连他们的后代也难以了解清楚。文字是记录语言的，代表语言里的词，一般有它固定的读音；文字线条简单，写法一致，要遵循约定俗成的原则，相对来说要比较稳定。因此，在相当大的范围内和相当长的时期内，文字不会有太大变化，认识起来不会发生太大困难。比如甲金文字的"牛"、"马"、"羊"、"鸡"、"犬"等，至今不但意义一仍旧贯，而且字形、读音的变化也很有限。

图画虽然不能算作文字，但它反映出人类在没有文字以前交流思想、记录事情的方法，也反映出人类从没有文字到发明文字的过渡状态。当时写字就如同画画，越画越简单，越线条化，一旦能够读出音来，代表语言里一定的词，这图形就变为最初的文字，完成了一次历史性的飞跃。由于用途不同，文字独立出来，成为记录语言的符号系统；图画还是图画，继续作为一种艺术形式而存在。

图腾崇拜与早期陶画

前面说过，原始汉字起源于原始图画，而原始图画与原始名号碰撞所产生的火花，为照亮汉字缘起之路点燃了不熄的火把。考古发掘出土资料中所见的远古时代陶器上的图绘和刻画符号，以及商周时代铜器上的纹饰图案等等，恰为这一见解提供了许多较为直接的证据。下面从氏族社会的图腾崇拜谈起，然后对早期陶画资料略加引证，并同一些古汉字进行对比，以期收到形象直观的效果。

大家知道，氏族是原始社会中以血缘关系为纽带结合起来形成的一种比较稳固持久的血族团体，有母系、父系两个相互衔接的阶段。初期兴起的是母系氏族，约当旧石器时代的中、晚期以迄新石器时代的早、中期，以女性为核心，有共同的女性祖先；其后继起的是父系氏族，约当新石器晚期以迄金石并用时代，以男性为核心，有共同的男性祖先。母系氏族社会也好，父系氏族社会也好，都是财富公有，集体生活，并都有个显著特点，就是盛行图腾崇拜。

"图腾"是北美土著的阿耳贡金人奥季布瓦族语言中 totem 的音译，指的是一个氏族的神圣名号和标志，其形象多取自氏族本身习见的、敬畏的、赖以为生并起到奇异功能的动植物、自然物或自然现象，如鸟兽虫鱼、奇木异石、日月风云等等。氏族成员深信：自己的祖先同神力非凡的图腾之间具有某种血缘上的联系，是其化身或转世；图腾对氏族具有神秘的保佑作用，而氏族则必须对图腾进行礼拜，举行祭仪，并实行各种有关的禁忌。

据古文献记载，我国原始社会也曾广泛流行图腾崇拜。《史记·五帝本纪》说，黄帝曾"教熊、罴、貔、貅、䝙、虎以与炎帝战于阪泉之野"。《列子·黄帝》说："黄帝与炎帝战于阪泉之野，帅熊、罴、狼、豹、䝙、虎为前驱，雕、鹖、鹰、鸢为旗帜。"其中的走兽飞禽，显然都是氏族图腾。黄帝号轩辕氏，又号缙云氏、帝鸿氏、有熊氏，所有这些名号也都应该和图腾有关。尤其值得注意的是，《诗经·商颂·玄鸟》有"天命玄鸟，降而生商"之名句，明确说"商"是"玄鸟"所生。玄鸟就是燕子。《史记·殷本纪》说商始祖契的母亲叫简狄，在与人同浴时，"见玄鸟堕其卵，简狄取而吞之"，因"孕生契"。而据已故古文字学家于省吾、胡厚宣等先生的研究，在商代金文和甲骨文中仍然保留有玄鸟图腾的孑遗。

图 2-6

图 2-6 左采自商代青铜器《玄鸟妇壶》，右图是殷商三期甲骨文"其告于高祖王亥三牛"句中的"亥"字。据陈梦家等先生的考证，高祖王亥可能就是商的始祖契。"亥"字头上加一"鸟"形，正是图腾的标记。《山海经·大荒东经》载称："有人曰王亥，两手操鸟，方食其头。"现在可以说，这也正是此字此形的一个巧妙的注脚。

一般说来，图腾崇拜是与氏族社会相适应的。进入文明时代后，原始的血缘组织逐渐松弛，最终为地域性的村落所取代；图腾在宗教上的意味也会随之减弱，而缓慢地演化成为一种徽号标记。各种资料表明，商末周初仍然处在从图腾到徽号的演进过程之中。

"图腾·名号"问题的解决，会给我们理解远古时代的陶绘、陶刻以及其他材料带来宝贵的启迪。

图2-7左的四个鸟形图案均见于公元前4000年左右新石器时代仰韶文化彩陶盆上，出土于陕西华县泉护村遗址，其性质当是此地原始氏族的徽号。当时正处在母权制向父权制过渡的氏族社会阶段。图2-7右作为对照例，是古汉字中的"鸟"（上行）和"隹"（音zhuī）字（下行）。《说文》说，"隹"是短尾鸟的总名。这里需要强调指出的是，无论是"鸟"字还是"隹"字，在青铜器铭文中都有不少作为名号的例子，如《玄鸟妇壶》、《鸟祖癸簋（音 guǐ）》、《隹父乙尊》和《贝隹爵》等。

图2-7

图2-8左部鹳鱼图案见于河南临汝阎村遗址出土的新石器时代仰韶文化彩陶缸上，同类题材在汉代画像石及肖形印上仍有表现。右上鱼形见于西安半坡遗址出土的仰韶文化彩陶盆上；右下是晚商青铜器上的鱼纹。

图2-9是古汉字中的一些"鱼"字的示意。这些

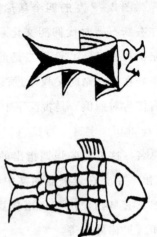

图 2-8

"鱼"字，形态逼真，栩栩如生，简直可以从中辨认出鱼的种类来。再拿它们与陶绘中的鱼形作一对照，彼此相似程度之高，足以使我们确信原始汉字的的确确是从原始图画变来的。当然，作为语言符号的古汉字，

图 2-9

毕竟已不再是图画艺术。它既需要符合简明原则，需要抓住主要特征来书写，又需要适应行款布局，需要竖立起来书写。而作为徽号或纹饰的鱼形，则尽可以细致入微地表现鱼类平游的习性，运动的神态，甚至描绘出身体的颜色等等。总之，文字和图画的区别和联系，在这里得到了充分的证实。

另据已故古文字学家容庚先生《金文编》统计，仅是作为器名的"鱼"就达三十余字，如《鱼鼎》、《鱼爵》、《鱼鬲》、《鱼盘》、《鱼父乙卣》、《鱼父丁爵》、《鱼作父己尊》和《鱼作父庚尊》等。所有这些，都证明"鱼"氏部族的"繁荣昌盛"、"源远流长"。尽管我们不能说殷商时代的鱼氏就来自半坡时代的鱼氏，但至少可以说，用鱼作为氏族或部族徽号，确实是其来有自、其传甚久。

请再看下面的附图及解说。

图2－10人面鱼纹图案见于西安半坡遗址出土的仰韶文化彩陶盆上。中国田野考古报告集《西安半坡》一书在谈到"艺术形象所表现的意识形态"问题时说："我们推想，半坡彩陶上的鱼纹，可能就是半坡图腾崇拜的徽号。饶有趣味的是我们发现了一个人面鱼纹，似有'寓人于鱼'或者'鱼生人'，或者是'人头鱼'的含义，可以作为图腾崇拜对象来解释。在一些盛行图腾崇拜的原始部落里，例如新几内亚的马德林·阿尼姆人部落有这样的传说，认为他们祖先是长着人头的鸟。半坡氏族是否认为他们的祖先是鱼，或者是一个长着人头的鱼，我们无从得知，但由其图像推测，

这种可能不是不存在的，至少可以说他们或者把鱼当作图腾来崇拜了。"

图 2 - 10

图 2 - 11 是两组象形的古汉字。第一组有关人的身体，依次是"目、口、耳、自、人、元、大、天"。"目"是人的眼睛，"口"是人的嘴巴，"耳"是人的耳朵，"自"是人的鼻子。《说文解字》说："自，鼻也，象鼻形。"从字形看，自是鼻的象形，为了区别，又在"自"下加个"畀"作为声旁。图中其余的字，"人"是侧写的人，"元"是"人头"的特写。《左传·僖公三十三年》载，先轸（人名）"免胄入狄师，死焉。狄人归其元，面如生。"是说先轸脱去头盔进入狄人的

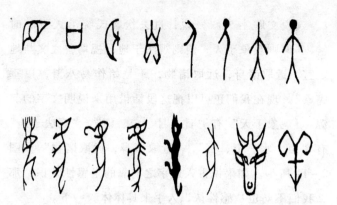

图 2 – 11

军队，死在了那里，狄人把他的头送回来，面色就像活着一样。其中的"元"字，意思就是"头"。现代仍有"元首"一词，两字本来都指的是"头"。"大"在古汉字里作正面而立的人形，"天"在"大"上特写其头。"天"本义也是指"头"。商甲骨文中有"弗疾朕天"的卜辞，意思是"不要让我的头得病"。《说文解字》把"天"释为"颠"，把"颠"释为"顶"，其实"颠"和"顶"的本义都指人的头顶，所以都从"页"旁。《说文解字》说："页，头也。"古文字中的"页"字正作"人头"形。由于苍天在上，因而"天"才引申指天空。

第二组是一些常见动物的象形文字，依次是"鹿、虎、象、马、犬、豕、牛、羊"，其中的"牛"、"羊"二字取正面头形来表示。这些字"画成其物，随体诘诎"（《说文解字》关于象形字的解释。"诘诎"，弯屈），可以一目了然，不待赘言。

《说文解字·叙》说,过去伏羲氏统治天下的时候,"仰则观象于天,俯则观法于地,视鸟兽之文与地之宜,近取诸身,远取诸物,于是始作易八卦,以垂宪象"。现在我们正可以把这段话借用来说明文字的起源。"观象于天"有"日、月、云、雨","观法于地"有"山、水、土、石","近取诸身,远取诸物"如图2-11所举。如果说古人造字之初靠的是感性认识,那么我们不妨也从感性认识入手来具体体验一下。

4 远古陶符面面观(上)

财产的私有,城市的出现,金属的冶炼及使用,文字的创制及流行等,都是判断一个民族文明时代开始的重要标志。作为一种比较直观可靠的标志,汉字起源的时代问题一向为学术界所关注,而其焦点又集中在对于远古陶符的认定上。起初陶符发现较少,大家依据史书上关于夏代的记载和商代的甲骨文、金文等资料,说华夏民族已经有了四千年左右的历史;后来随着陶符发现的不断增多,便有了华夏文明"上下五千年"或"中国有六千多年的文明史"等说法。于是异见纷呈,莫衷一是,问题迄今仍在争论之中。

所谓远古陶符,是指考古发掘所见远古时代人们刻画在陶器上的标记符号。对于这种标记符号,学者间理解多有不同:狭义的理解,主要指数字式简单刻画;广义的理解,不但包括像仰韶文化陶器上类似数字的刻画,还包括像大汶口文化陶器上类似图画的刻画，甚至包括商代陶器上显然已是文字的刻画。这里取广义的理解。

先看数字式简单刻画的例证。

图 2 - 12 是出土于西安半坡遗址的新石器时代仰韶文化陶器上的刻画符号，左上系原大摹录，左下系刻画部位示意，右面系主要的刻画符号。中国田野考古报告集《西安半坡》一书说："这些符号绝大部分都刻在饰有宽带纹的钵的口缘上，可能是因为钵是日常生活和埋葬中大量使用的一种器物，而这个部位又比较显目。我们推测，这些符号可能是代表器物所有者

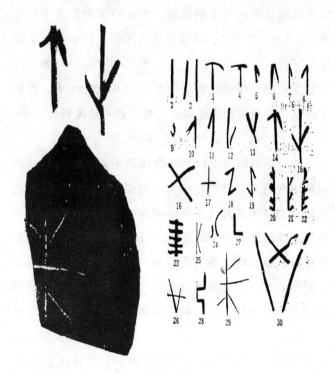

图 2 - 12

或器物制造者的专门记号；这个所有者，可能是氏族、家庭或个人。这一假设的证据是：我们发现多种类同的符号，出于同一窖穴或同一地区。"

郭沫若是主张半坡陶符就是文字的。他说："刻划的意义至今虽尚未阐明，但无疑是具有文字性质的符号，如花押或者族徽之类。我国后来的器物上，无论是陶器、铜器或者其他成品，有'物勒工名'的传统，特别是殷代的青铜器上有一些表示族徽的刻划文字，和这些符号极类似。由后以例前，也就如同由黄河下游以溯源于星宿海，彩陶上的那些刻划记号，可以肯定地说就是中国文字的起源，或者中国原始文字的孑遗。"又说："要之，半坡遗址的年代，距今有六千年左右。我认为，这也就是汉字发展的历史。"与郭老持相似观点的，还有于省吾先生、李孝定先生等，他们不但认为半坡陶符就是文字，而且进一步考释出"五、十、二十、示、玉、矛、阜"等字。

然而，与郭、于、李等的观点不同，汪宁生《从原始记事到文字发明》一文，高明《中国古文字学通论》一书，裘锡圭《文字学概要》一书等，都认为半坡陶符还不是文字。汪文说："我们认为，这些几何形符号像其他原始记事方法一样，对后世文字发明有一定的影响，但本身决不是文字。它不过是像西双版纳傣族制陶时那样，为标明个人所有权或制作时的某些需要而随意刻划的。"高书说："原始文字无论处于何种初级阶段，表达功能又如何幼稚，但自它诞生开始，即同语言密切结合，具有表达语言的能力。陶符则不然，它只是为了某种需要而记的标记，同语言毫无关系，只能独用不能组合。"裘书说："我们认为我国原始社会时代普遍使用的几何形符号还不是文字。除了有少量符号（主要是记数符号）为汉字所吸收外，它们跟汉字的形成大概就没有什么直接关系了。而且即使是那些为汉字所吸收的符号，也不见得一定跟半坡类型的符号有关。"

既然判断是否文字的标准是其是否记录了语言，而到底半坡陶符记录有没有记录语言又很难确定，所以，各家的说法都是假设，还不是结论。既然如此，我们觉得《西安半坡》一书所取比较折中的看法（尽管提出较早），倒是相对稳妥慎重的，是合乎材料第一、观点第二的原则的。

图 2－13 系陕西临潼姜寨新石器时代仰韶文化遗址所出陶符。图 2－14 系河南安阳晚商遗址所出陶符，其中已能看到"戈"、"钺"、"木"、"车"、"田"等字。

从半坡时代到晚商，甚至下延到春秋时代，经过3300 多年的历史发展而陶符依然存在，长兴不衰，这其中的原因，不能不让人思索。如果从这些陶符联想到如今的"花押"、"署名"、"招牌"和"商标"之类标识，绝不是没有道理的。由此出发，说这些陶符具有文字的某些特质，如记名的作用，就很可以理解了。儿童识字、学字，从数字开始，从自己及家长的姓氏名字开始。从今到古，由此及彼，而人类文明将现未现的"童年时节"的造字、用字情形，大概是相仿佛

图 2 – 13

图 2 – 14

的吧。

图2－15和图2－16分别是采自晚商甲骨文、商末周初金文中的一些记录专名的符号。除个别的外，大致都没有，也不易考释出来。如果承认这些符号具有文字的某些特质，那么对于远古陶符的性质，也就易于把握了。

图2－15　　　　　　　　图2－16

 远古陶符面面观（中）

下面再看图画式陶符的例证。

图2－17系山东莒县新石器时代大汶口文化遗址所出的陶符。关于陶符的性质，学术界意见虽不太一

致，但倾向于认为就是文字者为多。这里摘要引录一些说法，看看专家们是如何认识的。

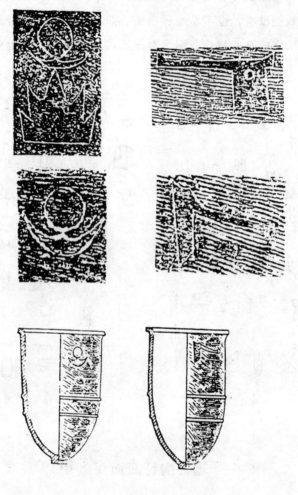

图 2 – 17

　　已故于省吾先生《关于古文字研究的若干问题》一文认为，如图左上一，上象日，中象云气，下象山有五峰，合成"旦"字。他说："说明了距今约四千年前后相当于夏代的龙山文化，已经出现了用三个偏旁构成的会意字。由此可以设想，当时已经有了由更早的简单独体字演化成的复体字。"按：所说"龙山文化"，当是大汶口文化。

已故唐兰先生《中国有六千多年的文明史》一文中，释如图左上一字为"囧"（唐谓音 rè，实当音 jiǒng），认为上是太阳，中有火，下面是五峰山，反映出在烈日下山上起火的情形。其下一字释"炅"，是上一字的简省。右上一字释"钺"（象形字），认为像杀人的大斧。其下一字释"斤"，认为像锛。他说："大汶口文化是少昊文化。少昊国家的蚩尤，是和炎帝、黄帝同时的"，"这种文字已经很规矩和整齐，是很进步的文字"。

唐先生的文章发表后，在学术界引起了很大的反响，毁誉相参，而赞成的少，反驳的多。《考古》期刊编辑部还发表了题为《大汶口文化的社会性质及有关问题的讨论综述》一文进行澄清，文中提到彭邦炯、陈国强、高广仁等人对唐说提出了异议。商榷的内容主要包括两个方面、一个要点：一是说唐文把陶符时代弄错了，于是把文明时代提得太靠前了；二是说唐文对陶符评价过高，结果也导致把文明时代提得太靠前了。邵望平先生在《远古文明的火花——陶尊上的文字》一文中指出：大汶口文化"晚期的绝对年代未经测定，估计与中原庙底沟二期文化大致同时。而庙底沟二期文化的一件标本，测定年代为 2780B·C ± 145，这也可视为大汶口文化晚期的一个瞬间。莒县、诸城发现的刻文陶尊属大汶口文化晚期遗存。因此，推测陶文出现的年代应在公元前两千五百年前后"，"看来，文明时代的到来，既不像有的同志认为的那样，晚至距今四千年；也不像有的同志宣布的那样，早在六千多年之前"。

　　在如何看待大汶口文化陶符及唐说问题上，著名学者李学勤先生是持比较积极态度的。他在《古文字学初阶》一书中，除释陶符为"炅山"、"炅"、"戌"（音 xú）和"斤"外，还提到在新中国建立前流入海外的几件玉器上也有刻画"炅"字的。如图 2-18 所示。李先生说："这些玉器属于良渚文化。良渚文化从年代来说，和大汶口文化的中期后半及晚期并存，分布地区则在江苏中部到浙江一带，与大汶口文化相邻接。在两种文化的器物上都发现了'炅'字，有形体共同的符号，说明当时可能已有传播较广的文字，为文化性质不同的地区人民所采用。"

　　李先生在《重新估价中国古代文明》一文中又说：

图 2-18

"鸟在山上，可读为'岛'字。三件玉璧的符号都是两字的复合，其中都有'岛'字。这使我们联想到《尚书·禹贡》冀州、扬州都提到的'岛夷'，即古代滨海的部族。大汶口文化正好是分布在我国东方一带的。"

对大汶口文化陶符的认识，我们认为可作如下的归结：

（1）陶符年代属大汶口文化晚期，约当4800年前。

（2）大汶口文化晚期象形陶符的状态乃至性质，与商代青铜器铭文初兴阶段所著单个族徽相当类似，足相印证，只有质料为陶或铜的不同，成像或刻或铸的差异。

（3）至于单个族徽究竟是不是文字，则不妨作"面面观"：从资料无征不信上说，从定义严格贯彻上说，单个族徽还不是文字；从考古资料的局限性上说，从文字定义的变通性上说，单个的族徽已经是文字。

（4）其实，问题的关键更在于积极探讨大汶口文化陶符和古汉字之间的联系及这种联系的密切程度。上引诸家之说，大致都同意其间存在一定联系，争论的焦点在于其间联系的密切程度究竟到了哪一步。究竟到了哪一步呢？不是"悬隔"，不是"旁系"，而是息息相关，一脉相传。

（5）陶符释字以李先生的说法较为可信。

（6）着重谈一下我们对"日火"或"日火山"的认识。此字释"旦"恐怕不很恰当。甲骨文、金文的"旦"字，本像日出水面一形一影的"双日"景象：日影在下，变而为方框或实心的"丁"，兼示读音；变而为"一"是指示水平面或地平面。"旦"字没有从"火"的，释"日火"为"旦"，基础不牢固，可能性要打折扣。"日火"释"炅"，在字形的对照上则没有那么多可怀疑的地方，是密合的。"炅"音为jiǒng，古音如"囧"（后起字为炯）"㼿""颎"（音皆为jiǒng），如"耿"（今音gěng），意为"光明"。由此可见，李先生释玉璧上的"涡纹"为"炅"是颇为精到的（可参看本书附录二）。

（7）把这一组音义相关的同源字贯通起来后，我们就可以进一步考察"炅"族地望的所在了。我们推测，大汶口文化晚期陶器上的徽号"炅"，代表的就是中商时祖乙迁耿的"耿"（字或写作"邢"）。古人往往迁地而地名不变，同类例子如春秋战国时的楚都郢，虽屡次迁徙，仍叫"郢"。耿在今河南温县东，东距莒县约五百公里，而商丘恰好处在其间。由莒县经商丘再到温县一带，可能就是"炅→囧→耿→邢"西迁的路线。学术界一般认为商族本属东夷的一支，如果此说可以成立，那么就更应该把"炅"与"耿"联系起来进行考察了。

（8）唐先生的"少昊说"，李先生的"岛夷说"，我们提出的"炅耿说"，既非定论，亦非空谈，而是一种不无必要的探讨。

6 远古陶符面面观（下）

本节着重讨论一下新近出现的"丁公陶文"问题。

丁公陶文，也叫丁公龙山陶文、龙山陶文等，是指 1992 年初山东大学历史系考古实习队在清理山东邹平丁公村遗址发掘材料时，于一龙山文化晚期灰陶平底盆底部残片上发现的远古文字。陶底残片长 4.6 ~ 7.6 厘米，宽约 3.2 厘米，厚 0.35 厘米，在其内面刻有 11 个字，摹录如下，并附读法，见图 2 – 19。

读法

	五	四	三	二	一	行/字
?	1	1	1	1	1	共
					2	11
	2	2	2	2	3	个

图 2 – 19

丁公陶文的绝对年代约当公元前 2200 年，比殷商一期甲骨文还早 800 年左右，因此，1992 年末这一发现一经公布，立即引起了舆论界、学术界的热烈反响和高度重视。

《考古》1993 年第 4 期除刊载有关丁公陶文发掘简报外，同时发表了《专家笔谈丁公遗址出土陶文》的专文。《简报》由发掘者撰写，《笔谈》则集中反映出国内考古、历史、文字学界 16 位专家的意见。综合起来看，既具有一定权威性，又具有广泛代表性。下面即以此二文为重点，① 结合其他有关探讨，就丁公陶文的字数和刻写、书体和性质、释读和背景、发现过程及其真伪等问题加以介绍。

关于丁公陶文的字数和刻写　《简报》称，除明显可见的 5 行 11 字外，"在左上角有一刻划短线伸出陶片之外"。果如其说，则丁公陶文还存在第 12 个字，甚或意味着存在更多的字。不过，大多数学者于此并未置辞，而是仅就 11 字立说。

与对陶文字数的认识相联系，凡认为 11 字的学者，大都认为是先烧后刻、刻于残片之上的。李学勤先生说："由于陶质已硬，一些弧线刻成了折线。三 2 垂笔中间，还碰到了陶中的砂粒。文字在片上有和谐的布局，无一因陶器的碎裂而残缺。五 2 一字向左偏移，填满了片上的空白。因此，文字可能是在已碎的陶片上刻的。"这一判断，关键还是基本字数。如果考虑到字数的不确定性，则并不排除原是刻于完整陶盆之上的可能。

既然是先烧后刻，那么刻写的工具就必须足够刚硬锐利。至于当时是否已有这么一种工具，学者们尚有争议，尚需科学实验和论证。不过，大家公认，刻工水平甚高，笔法非常熟练，功力相当深厚。

关于丁公陶文的书体和性质　《简报》称："刻写

---

① 引文凡出自《笔谈》者不另注。

文字字体的显著特征是多为连笔字，与后代行草相类，和通常见到的甲骨文差别较大，两者书体有别。"甲骨文则"类似于楷书"。裘锡圭先生驳正说："其实在商代后期，相当于后世楷书的是金文，甲骨文则是一种简俗字体。在商代还不可能出现类似后世行草的字体，更不用说在龙山文化时代了。"

事实上，关于陶文书体的讨论，是与关于陶文性质的讨论息息相关的。陶片上的刻划，究竟属符号，还是属文字？如果把它们归属于文字范畴，那么又是何种体系、何种发展阶段上的文字？裘锡圭先生认为："如果想使一种原始文字逐渐发展成为社会所接受的完整文字体系，决不能让字形变得如此草率难辨。"① 他站在"文字必须记录语言"这种狭义派的立场上，主张目前只宜把包括丁公陶片在内的龙山、大汶口、仰韶诸新石器时代文化陶器上的刻划都稳妥地称为"符号"，退一步说，如果把丁公陶片上的刻划称为"文字"那也"不是一种处于向成熟的文字发展的正常过程中的原始文字，而是一种走入歧途的原始文字"。

蔡凤书先生也是联系书体来考察丁公陶文性质的，但结论与裘先生明显不同。他说："总体上观察，这些刻划排列有序、手法熟练、线条流畅，行距间隔有定规，决非信手乱刻。""这片陶片被发现之后，我们先

---

① 武勤英：《是原始文字，还是符号？——访古文字学家裘锡圭》，《光明日报》1993 年 4 月 26 日。

后约请了三十多位国内知名的考古学家和古文字学家鉴定，绝大多数专家持肯定态度，认为是一种文字。"[1] 他的话在《笔谈》中确有充分反映，专家们称："丁公陶文已是一种比较成熟的早期文字。"（严文明）"丁公文字也有象形的成分，但有些已经可分出偏旁，当属会意字。对于这些刻在陶器上、由成组文字组成的陶文，我建议称之为'陶书'，以与单个陶文相区别。"（田昌五）"字形趋于省简而颇具概念的意义，已经是脱离了'书契权舆于图像'，而是'六书也者，皆象形之变也'（孙诒让《名原》）。"（陈公柔）

在丁公陶文与甲骨文等古汉字的关系问题上，学者们的观点分歧甚大。张忠培先生认为，陶文"更似甲骨文"。王恩田先生认为，"似应属于东夷文化系统的文字"。高明先生认为，"它是已被人们淘汰了的古汉字"。俞伟超先生认为，"龙山文字和商代的甲骨文，即使有某些相似处，却不见得是一脉相承的"。

需要说明的是，学者们关于丁公陶文性质的讨论之所以异说纷呈，主要原因是资料不足。也就是说，要想判定陶文是否成熟、是否与甲骨文有联系，尚待更多的发现和证实。

关于丁公陶文的释读和背景 从丁公陶文的整体布局看，其读序是自上而下，自右至左，与古籍排法相同。学者们对此没有异议，但释字尚有分歧。

---

① 蔡凤书：《龙山陶文的发现与鉴定》，《光明日报》1993 年 4 月 26 日。

一1，严文明疑是"鸟形"。

一2，《简报》、王恩田释"见"。李学勤释"父"。

一3，蔡凤书释"以"。①

二1，《简报》、王恩田释"夋"（音 jùn）。陈公柔释"夒"（náo 猱）。②裘锡圭认为，此字"跟夒的相似，可能是一种巧合"。李学勤谓"似为有尾的猿猱形"。

二2，李学勤谓"似为有角的走兽形"。

三1，《简报》释"禹"。李学勤谓"似顾首短尾的动物"。

三2，李学勤疑为左手的"左"（初文无"工"旁，象形）。陈公柔疑为"戉"。③

四1，李学勤疑为形声字，右下似"心"，左侧似"刀"。中间部分不识，但也见于甲骨文，为方国名。

四2，严文明谓"盘身翘首的蛇形"，"也许与古书上记载的修蛇部落有关"。

五1，王恩田释"鱼"。

五2，张学海疑其"不属'辞章'正文，也许是人名款识或某种标记，有如金文的徽识"。

另外，日本学者松丸道雄教授曾把陶文前 5 字释为"荷子以夒犬"；但大都未取得学者们的认同。事实

---

① 蔡凤书：《龙山陶文的发现与鉴定》，《光明日报》1993 年 4 月 26 日。

② 原文印刷误为"夔"（kuí），今正。

③ 陈先生所说的"戉"，疑当为"戉"（音 yuè），或系印刷之误。"戉"字所示为圆刃大斧，首多中空；"戉"字所示为平刃大斧，首多细腰。

上，上述各字的释读也都是宽泛的推测，离定释及通读相距甚远。

关于丁公陶文产生的时代背景，《简报》称当时已经出现阶级、城市和国家，学者们称其为"古城时代"（黄景略）、"东方文明的方国时期"（郑笑梅）、"成文历史时期"（邵望平）、"陶书时代"（田昌五）等。还有学者认为："龙山城市加龙山文字，足以证明丁公是个龙山古国。"（张学海）"龙山文化的晚期，或者其中的某段，很可能跨入夏纪年。"（张忠培）

关于丁公陶文的发现过程及其真伪　带有刻划的丁公陶片出自 50 号探沟 1235 号灰坑，后在室内整理时，由协助工作的民工（本为一初中文化程度的农家女子）发现了其上的刻划。经多方核对、鉴定，"其可靠性是可以确认的"（《简报》）。

丁公陶文真的那么可靠吗？笔者带着这个问题专门请教了胡厚宣先生。他说，他本人和一些专家出于慎重而没有公开发表意见，但内心是存疑的。要而言之，陶片是真的，陶片上的刻划不见得就是真的。伪刻的可能性，一在出土过程与发现过程不衔接；二在刻于破碎陶片之上，出于废弃灰坑之中，其功用何在令人费解；三在字体潦草，笔法怪异，与当时文辞本该具备的庄重、典雅风尚相悖；四在与甲骨文时代远隔。

果不其然，近来我们看到曹定云先生《丁公遗址龙山陶文质疑》一文①，从地层、文字、陶片三方面详

----

① 文载《光明日报》1993 年 6 月 20 日。

细剖析了陶文的可疑之处。看来，对于这片陶文，不仅需要进一步研究，而且需要进一步鉴定。在此情况下，如能在一些关键问题上获得一些新的认识（比如陶文出自习刻），那么各方面的见解几乎全要随之而变。①

---

① 除以上引到的文章外，本文还参考了《中国文字史提前八百年》，《人民日报》1993 年 1 月 2 日；《邹平丁公发现龙山文化文字》，《中国文物报》1993 年 1 月 3 日；许宏《丁公龙山文化文字的发现及其意义》，《传统文化与现代化》1993 年 3 月；林小安《中国文字起源之我见》，同上。

三 商周汉字，甲金异彩

　　远在距今约 6000 年前的仰韶文化时代，我们的祖先就创制了用以标志氏族徽号而颇具神奇色彩的陶符陶画，也就为原始汉字的诞生奠定了坚实的基础，沿着"图画、名号"之路继续前行，大约又经过一千多年的多方探索和反复试验，时代发展到大汶口文化的晚期，考古工作者在那时的陶尊上发现了"炅山"、"炅"、"戍"和"斤"等单个汉字。考古学、文献学、人类学、社会学的各种史料表明，也就在大汶口晚期文化之后的数百年间，华夏大地迎来了文明时代的曙光。

　　距今约 3400 年前到 2700 年前的殷周时代，可以称之为"甲金时代"。甲骨文和金文是迄今所知最为古老的汉字体系，其单字的数量也已达到 5000 多个，足以满足记录语言、扩大社会交际时空范围的需要。甲金文字的构形，以充分体现形、音、义的联系为原则，以生动写实、简易明快的象形字、会意字为基础，大致上具备了后世归纳的"六书"体式。由甲骨文句记录下来的占卜刻辞和以金文记录下来的铭功篇章从各个侧面映示出殷周社会的基本面貌，举凡生活、生产、经济、政治、军事、外交、天文、地理、农牧工商，生老病死，无不囊括其中，足可以称之为"中国文化的百史之源"。同汉字发源阶段的陶符陶画相比，活生生的甲金文字，已不那么的神秘高深，只要你能够打开这部"百科全书"认真看上一看，那时的文化全景就会立刻展现在你的眼前。

殷墟遗址和殷墟甲骨

河南省安阳市西北郊洹水边，有一个叫小屯村的地方。一百多年前当地人在刨地时发现了一些骨片，上面还有刀刻的痕迹。村里的人都说是刨到龙骨了，有人说龙骨能当药治疗刀伤、疟疾，于是大家都去寻找龙骨卖钱。有个姓范的山东商人收购了一些骨片跑到北京，请他的老乡王懿荣鉴定。王氏很有学问，是清朝的国子监祭酒、团练大臣，他看到这些骨片后非常惊奇，认为上面刻划的是一种已经失传了的古代文字，非常珍贵。王氏即是鉴定出商代龟甲兽骨文字的第一人。时在 1899 年。

王懿荣在"八国联军"侵入北京的时候殉职了，他所收藏的甲骨归于著名的文学家、史学家刘鹗。刘鹗，字铁云，他把所收藏的甲骨片编为《铁云藏龟》一书，该书是第一部甲骨文著录书。

1908 年，著名考古、文史学家罗振玉首先弄清楚了甲骨的出土地点，随后他和著名学者王国维考定小屯村一带是商朝晚期都城。罗振玉在甲骨学史上的贡献主要是甲骨片的著录和甲骨文的考释。在著录方面，罗振玉先后出版过《殷虚书契》多编，印制精美，收录丰富，为后来学者的研究提供了极大的方便。在考释方面，罗振玉先后出版过《殷虚书契考释》等书，把常见的甲骨文字都考释出来了，于是甲骨文辞得以通读，不再是"天书"，而成为国宝。王国维在甲骨学史上的贡献，除了考释出一些重要的甲骨文字之外，最值得称道的是他能够站在历史科学的高度，首次对这笔历史遗产进行系统研究。他的重要论著主要有《殷卜辞中所见先公先王考》和《殷周制度论》等等。由于罗、王的这些重大贡献，所以初期的甲骨学常被人称为罗王之学。郭沫若曾经评价说："谓中国之旧学自甲骨之出而另辟一新纪元，自有罗王二氏考释甲骨之业而另辟一新纪元，决非过论。"

罗、王之后，有郭沫若、董作宾、唐兰、于省吾、胡厚宣、陈梦家等著名学者也都在甲骨学研究领域取得了重大成就，使甲骨学蔚然成为一门新兴的热门学科。现在日、韩、英、美等国都有不少学者在从事甲骨学研究。

1928 年以后，在小屯村及其附近做过多次科学发掘，先后出土龟甲兽骨达 10 万多片。总计单字约 5000个，可识读的约 2000 个。根据地下发掘文物得知，小屯村原来就是距今 3000 多年前的商代后期的都城。古书记载，自商王盘庚迁殷以后，历经八代十二王直到殷纣（商朝最末一个帝王），这里有 273 年左右即为晚商政治经济文化的中心区域。此处当时名殷，所以商朝晚期又可以称之为"殷"或"殷商"。周武王灭商后这里沦为废墟，因而叫做"殷墟"或"殷虚"。

殷墟宫殿遗址位于小屯村北，占地20000多方平米，已经发现的宫殿建筑共有50多座，自北向南约略可分为早、中、晚三个组群。其中规模最大的是中期的"乙八基址"，南北长约85米，东西宽约15米。在"乙八"的西南面，分布着成组的排葬坑，里面埋葬的人许多已身首异处，肯定是被用来祭祀的。在许多基址的柱础下面或门侧等处，也往往有被用来举行奠基仪式而埋葬的人，有的还伴随着干戈武器，做了阴曹的侍卫。

殷墟王陵遗址位于洹水的北岸，同宫殿遗址隔河相望，占有侯家庄、前小营和武官村之间的大片土地。已经发现的大墓共13座，随葬的金玉石骨诸种器具不计其数；祭祀坑1400多座，祭奠的人畜野兽诸种牺牲成千上万。这些大墓有的带有四个墓道，有的带有两个墓道而与墓室合成"中"字形；有的只有南墓道而与墓室合成"甲"字形。其中墓室形状呈"亞"字形的规格最高，可以肯定就是王陵。如编号为1001的"亞"形大墓，南北长近19米，东西长近14米，深10米多。四个墓道中，最长的南墓道长约30米，宽约8米，最短的西墓道长约7米，宽约4米，墓葬总面积达700多平方米。

图3-1是商王世系及配偶表。

殷墟遗址和殷墟甲骨研究中的一个重要课题是分

商代世系表

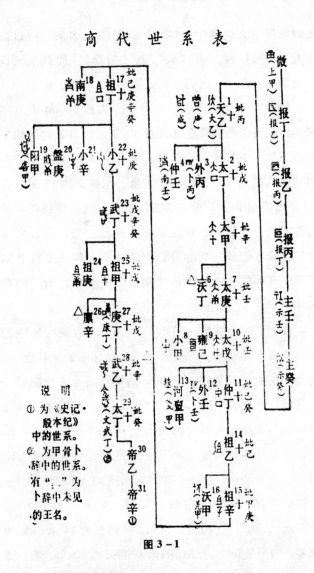

图 3-1

期断代，而在分期断代研究中贡献最大的是已故学者
董作宾先生。1929 年，董氏发表《大龟四版考释》，
首先辨认出几乎每条卜辞都要出现的贞卜之人的名字，
极大地扩展了王国维、郭沫若等据祖先称谓进行断代

的覆盖面。1932 年，董氏发表《甲骨文断代研究例》，提出科学断代的十项系统标准，即世系、称谓、贞人、坑位、方国、人物、事类、文法、字形、字体，据此标准可以把甲骨文分为五期。从 40 年代以后其他学者虽对董说有所修正，但大的方面并未改变。

表 3－1 是甲骨卜辞分期与殷墟文化分期的对照表。

表 3－1

分项 各家 分期 殷 庚	甲骨卜辞分期		殷墟文化分期	
	董作宾	胡厚宣	考古所	邹衡
盘 庚	1	1		1
小 辛	1	1	1	1
小 乙	1	1	1	1
武 丁	1	1	1	2
祖 庚	2	2	2	2
祖 甲	2	2	2	2
廪 辛	3	3	2	3
康 丁	3	3	3	3
武 乙	4	3	3	3
文 丁	4	3	3	3
帝 乙	5	4	4	4
帝 辛	5	4	4	4

应该说，董氏提出的十项断代标准，基础是世系和称谓，关键是贞人和字形。由于贞人和字形的标准比较直观、易于把握，因而初学者不妨由此入手，作为深造的台阶。

图 3－2 是卜辞所见各期主要的贞人名。

57

一	原形														
期	楷写	宾	壳	争	亘	永	古	韦	内	备	扫	共	逆	延	御	邑
一	原形														
期	楷写	子	余	我	巡	史	吏	诞	退	师	久	扶	卣	由	取	界
二	原形														
期	楷写	出	兄	逐	中	竹	喜	大	疑	骨	尹	行	旅	即	洋	涿
三	原形													
期	楷写	何	贮	彘	彭	鼓	囗	伏	逢	逆	比	拿	教	吊	猾	夏
四	原形													
期	楷写	历												
五	原形													
期	楷写	黄	派	立										

图 3 - 2

考虑到卜辞中干支字最为习见，所以这里特别举出第五期的干支表作为图 3 - 3。

关于干支表需要多说几句。干即天干，其数有十：甲、乙、丙、丁、戊、己、庚、辛、壬、癸；支即地支，其数十二：子、丑、寅、卯、辰、巳、午、未、申、酉、戌、亥。用干支循环相配来记日，六十天成一周期，所以也称六十干支或者六十甲子，这恰与阴历两月之数相合。殷商人已经掌握（或许就是他们发明的）完备的干支记日法，后来一直沿用至今。

这片牛胛骨上的干支表是当时人为了便于查找和

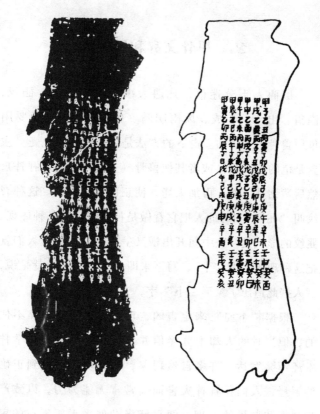

图 3－3

帮助记忆而刻写的。读法自右竖行至左，和古籍相当，
依次为"甲子、乙丑、丙寅、丁卯……壬戌、癸亥"。
特别值得注意的是它的排法以十天干为基点，六行上
部的第一位是六甲，既整齐美观，也很科学。

　　从文字学的角度来看，干支字因为常用，笔画相
对简单一些，大都用的是假借字。如"甲"是铠甲之
甲的本字，象形；"辛"是古代的一种刀具，象形；
"酉"本象酒罐之形。

59

甲骨文辞和甲骨文化

　　殷商人十分迷信，凡遇大事小事如祭祀、征伐、渔猎、出入、年成、风雨阴晴、疾病祸福等，都要用龟甲兽骨占卜吉凶。占卜的方法是首先打磨乌龟壳（主要是龟的腹甲版）或者其他兽骨（主要是牛的肩胛骨），然后凿钻其反面，再加火烤，使正面显示裂纹。这种裂纹叫"兆"，当时的人把它看做是神鬼启示的某种体现。兆纹的形状是一竖中间开出横叉呈"卜"形纹，人们就把这种现象叫做"卜"，写下来即"卜"字。也就是说，古人据此造出了象形"卜"字，音仿骨版爆裂之声。

　　根据"卜兆"来定吉凶，现在看来当然是靠不住的，但当时的人却十分迷信并依赖它。当时的科学技术还不够发达，许多自然现象、社会现象得不到正确的解释，人们在各种灾害面前常常无能为力，以致产生恐惧和敬畏的心理，便只好借助似乎无所不在的鬼神"意志、行为"来求得安慰和解脱。他们在卜兆旁边刻上文辞来记录向神鬼询问的内容、神鬼的启示以及后来事情发展的结果，于是就有了我们今天看到的甲骨文辞，或者叫做殷墟卜辞。其实，另有一些特殊刻辞并非用于占卜而是主要用于登记龟甲兽骨的来源、数量、整治的过程以及有关人员的名字等，内容往往十分重要。

　　完整的卜辞包括四个部分（通常只有前两部分的内容）：

　　1. 占卜日期和占卜人的名字，即所谓前辞；

2. 卜问的事情，即所谓命辞；

3. 从卜兆显示的吉凶，预计事情的成败，即所谓占辞；

4. 事后验证的情况，即所谓验辞。

根据这些文辞，不但可以看到殷商文字的真面貌，而且可以探求当时经济、政治、文化、社会组织、风俗习惯等方面的真面貌，它的价值是无法估量的。

图 3 - 4 是甲骨形状及各部位的名称。图 3 - 5 是

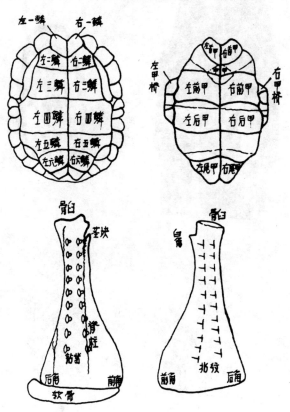

图 3 - 4

一期龟腹甲正反面刻辞及留样释文。

以下采用宽式释文对上举图 3 - 5 进行楷写并略加
解说。

图 3 - 5 正面释文——

Aa　乙卯卡，永贞：唯母丙它？

Ab　贞：不唯母丙它？

图 3 - 5

图 3-6

Ba　贞：母丙允有蛊？

Bb　贞：母丙无蛊？

兆序：一二三四五六七，一二三四五六。

　　　一二三四五六七八，一二三四五六七八。

兆辞：不玄黾，不玄黾。二告，二告。

图 3-5 反面释文：

占辞：王占曰：母丙有蛊……

记事：我致千。妇井示百，壳。

在此辞中，"乙卯卜永贞"是前辞，"永"属一期贞人。"贞"的意思是问卜，本作"鼎"象形，同音借用为"贞"。"唯母丙它"、"不唯母丙它"问是否母丙带来变故。"唯"字本作鸟的形状，后来加上"口"旁成为语气词。"它"本从"蛇"咬"止"会意，"止"本是脚趾的"趾"的象形本字。《说文解字》："它，虫也，从虫而长，象冤屈垂尾形。上古草居患它，故相问'无它乎?'蛇，它或从虫。"其中的"它"是"蛇"的象形本字，而"蛇"则是由"它"加上"虫"（音 huǐ）旁分化出来的后起形声字。这里的"虫"读作虺蛇的"虺"，不读 chóng，古代的"虫"（音 chóng）写作"蟲"形，而"虫"（音 chóng）则是简化字。

"母丙允有蛊"、"母丙无蛊"是问母丙有无蛊毒之害。"允"的意思是确实，副词。"蛊"字从"皿"中有"虫"，意为蛊毒，而蛊毒是古人关于病菌的神秘说法，请参看本章附录专文。"无"的用法卜辞通例写作"亡"，先秦古籍中也常如此。

"兆序"是甲骨上每个卜兆固有的排序，一般由自"一"至"十"各数组成。其中"一二三四"是积画造字。"五"处中间，本来只作斜行交叉笔画，后来在上下各加了一横。"六"在甲骨文中与"入"写法类似，有人说它像房屋的形状。"七"字作横竖交叉笔画，有人说是"切"的象形本字。"八"字作分别相背二画，本义也与"分"、"别"相当。另有"九"，本是"肘"的象形本字，"十"本作一竖画，有人说是"针"的象形本字。

"兆辞"是对特殊卜兆进行的特殊记录。"不玄龟"的意思可能是说卜兆不模糊。"二告"也有人释为

"上告"，与此类似的兆辞还有"小告"，可能记录的是鬼神发出了某种特殊启示。

"王占曰母丙有蛊……"在反面中缝，记录殷王武丁看了卜兆后针对命辞中提出的问题所下的断言。关于"母丙"的称谓需要多说几句。殷人祖先或已故亲人，通例都用的是"关系字"或"区别字"加上"天干名"的称谓方式，例如"大乙"（古籍写作天乙，即商汤）、"大甲"（古籍写作太甲）、"小乙"、"小甲"、"祖乙"、"祖甲"、"武乙"和"文丁"等等，都是对男性祖先的称谓。对于女性祖先的称谓常见的是"妣某"（祖母以上）或"母某"（父辈已故的嫡庶配偶）。殷人祖先或已故亲人用天干命名的根据很可能是他们的死日或者立庙之日，这为区别亡人、祭祀亡灵提供了方便，即可在甲日询问某甲（或者预询某乙。如此处所举一条卜辞，是乙卯日预询母丙）、祭祀某甲（或者预祭某乙）等，余可类推。越到晚期，殷人对祖先的祭祀越加严密，并逐渐形成依先后及祖日轮流行祭的祀周。

这条卜辞缺少"验辞"部分。

"我致千"刻写在反面的右甲桥上。"我"是族名或人名，不是代词。从字形上看，"我"字本象锯子。依古人以职业定族氏（如世代制陶之类为陶氏）的规矩，我族很可能就是善制锯子或善用锯子之族。"致"本作"氏"，象"人"手中有所执持形，义为送达，与后来"致"字用法相当，古音也相近，所以可释为"致"。"千"在此指的是千龟，"我致千"的意思是说由我地送来一千只乌龟供殷王朝使用。"千"字从"人"加有一横代表一千，有人说就是"一千"的合文（"二千"合文是在"人"字腿上加上二横）。合文在甲骨文中是常用形式，尤其是一些数目字、祖先名等更属屡见不鲜。

"妇井示百，壳"刻写在反面的左甲桥上，意思是妇井监督整治了一百个龟甲，最后由贞人名壳的验收完毕。妇井是殷王武丁主要的配偶之一，而壳则是一期卜辞中主要的贞人之一。"妇"字本来写作"帚"，繁体的"妇"字即从"帚"旁。"示"义为监督整治，可能通"视"。"百"字可能是"一百"的合文，指一百个乌龟，属"我致千"中的一部分，而此龟则当属此一百个乌龟中的一个。

图 3-6 是上述文辞部分字形列表。图 3-7 是卜辞中习见合文举例。

甲骨文命辞格式的一般构成规律是"对贞"和"连贞"。所谓"对贞"，即从正反两个方面发问；所谓"连贞"，即连续的对贞（一般会有倾向性地省略正辞或反辞）。图 3-5 中的"唯母丙它？不唯母丙它？"是对贞，"母丙允有蛊？母丙无蛊？"也是对贞，把它们连起来读则构成连贞。对贞和连贞不仅同古代哲学中所讲的阴阳对立、相生相克的原理有着密切联系，而且事实上也反映出殷商人对于对立统一规律的一种朴素认识，即二值逻辑判断的正反观或是非观。这不仅可以从文辞内容上看得出来，而且可以从甲骨布局上得到充分反映。下面就对贞、连贞再各举一片甲骨

十五	五十	七十	四百	五千	三万	十二月
大乙	小甲	四祖丁	大吉	小告	五牢	十牛

图 3－7

文并略加解说。

图 3－8 是一片完整的龟腹甲摹本（对于直接刻写出的实物来说，摹本是白底黑字，拓本是黑底白字），文辞内容如下：

（1）先读左边（正面问）——戊子卜壳贞：帝及四月令雨？

（2）再读右边（反面问）——贞：帝弗其及今四月令雨？

（3）次读中上（占辞）——王占曰：丁雨，不唯辛。

（4）最后读中下（验辞）——旬丁酉允雨。

大意是说：戊子这天贞人壳卜问，天帝是会赶在四

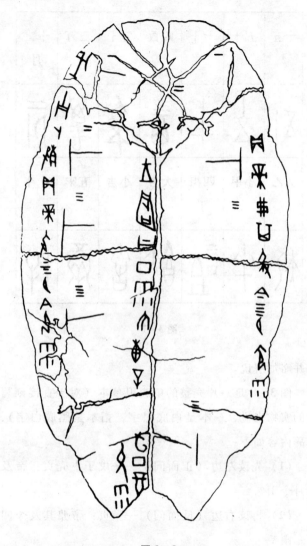

图 3 - 8

月份下令降雨（正面问）？还是不会赶在这个四月下令
降雨（反面问）？王看了卜兆后断言，丁日降雨，不会
是在辛日。结果这一旬的丁酉日确实降了雨。片中有相

对的"卜"形兆纹，还有相应的"一二三四"的兆序。

图3-9是一片残断的牛胛骨摹本，文辞内容如下：

（1）癸卯卜：今日雨？

（2）其自西来雨？

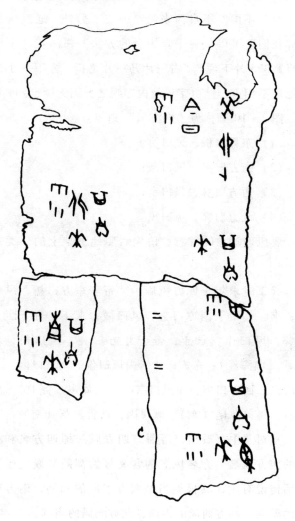

图 3-9

（3）其自东来雨？

（4）其自北来雨？

（5）其自南来雨？

以上连贞卜辞，事实上是隐含省略了反辞部分，即"今日不雨？不自西来雨？……"另外，通过这片卜辞我们还可以了解甲骨缀合的方法。郭沫若《卜辞通纂》375片下说："右三片乃一片之折，左下一小片折处虽不相连，然由字迹及内容观之，固无疑也。"

图3-10可称为"四方风"刻辞：

（1）东方曰析，风曰协；

（2）南方曰夹，风曰微；

（3）西方曰彝，风曰韦；

（4）北方曰宛，风曰役。

要想理解它的辞意，请先对照地下地上的同类文献——

武丁时求年于四方龟版："帝于东方曰析，风曰协，求年；帝于南方曰夹，风曰微，求年；帝于西方曰彝，风曰韦，求年；帝于北方曰宛，风曰役，求年。"《山海经》：东方曰析，来风曰俊。南方曰因，来风曰民。西方曰夷，来风曰韦……《尚书·尧典》：厥民析，鸟兽孳尾（东）。厥民因，鸟兽希革（南）。

从对照中可看出，所谓"四方风"即四方名和相应的四方风名。方名风名的含义显然都同节候气候及神话传说有关，其根据当是东方东风的和畅，南方南风的温润，西方西风的肃杀，北方北风的凛冽。

用地下文献与地上文献相互印证、相互发明，就

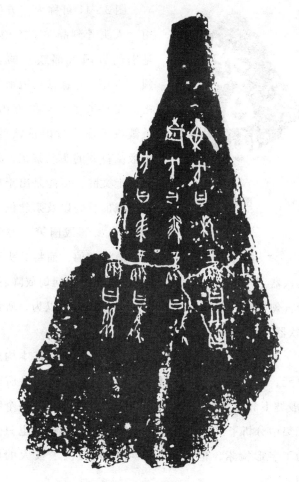

图 3－10

是王国维倡导的"二重证据法"。此辞的发现（发现者是已故学者胡厚宣先生）正是"二重证据法"应用的佳例。

　　通过这片卜辞我们还可以了解残辞类推、残辞互足的方法。

图 3-11

图 3-11 可称为"方伯用"人头骨刻辞。"方伯"是别的方国（部族）的首领，"用"的意思是用来祭祀。在打败了敌对的方国、杀戮或俘虏了敌国首领后，用敌国首领的头颅祭祀，并且刻上文辞，可能是出于耀武扬威的目的以及宗教仪式的需要。《战国策·赵策一》："及三晋分知氏，赵襄子最怨知伯，而将其头以为饮器。"《史记·大宛传》："是时天子问匈奴降者，皆言匈奴破月支王，以其头为饮器。"古注以为，所谓"饮器"就是便溺之器。

考释甲骨文字的一个重要方法是分析其基本构成单元，这也就是字元分析法。日本学者岛邦男所著《殷墟卜辞综类》把数千个甲骨文所含的 200 多个字元集中分析了出来，尽管还不很完善，其初衷也只是为了字形检索，但毕竟给学习研究提供了极大的便利。

图 3-12 采自《殷墟卜辞综类》"部首"，实际上可视为是对甲骨文基本字元的一个列表。

 甲金文字的交叉衔接

金文又称吉金文字、钟鼎文字、钟鼎彝器款识等，

图 3－12

主要是指商周时代刻铸在青铜器中的铭文。"金"本是泛称，故有五金之说，即黄金、白金（银）、赤金（铜）、青金（铅或锡）、黑金（铁）。青铜是铜锡合金或铜锡铅合金，以其呈青绿色而得名。

73

我国大约从夏代开始进入青铜时代，晚商达到鼎盛阶段。当时的青铜器上常铸有做器者的族名、私名和所要祭祀的祖先名，字形比较原始，字数由少到多，能很清楚地反映出汉字发展演变的脉络。商末周初一段，青铜器冶炼、铸造技术又有了长足进步，殷周王朝用大量的青铜赏赐贵族、大臣。这些人铸造青铜器时，往往要刻铸铭文，来记述时王的恩赐，颂扬祖先的功烈，企望长久地留传给子孙后代。

青铜器是奴隶主贵族财富和权力的一个重要的象征物，具体体现了当时的礼乐制度。在青铜器的诸多种类中，传统著录总是把"钟"、"鼎"放在第一、第二的位置，因为称得上重宝的礼器还得数食器中的鼎和乐器中的钟。在古代有所谓"天子九鼎，诸侯七，大夫五，元士三"，而钟的多少则与鼎相称。又有所谓"钟鼎为宗庙之常器"、"问鼎轻重"及"钟鸣鼎食"等等，都证明了钟和鼎的宝贵。

通行的文字学著作，往往立有"殷商甲骨文"、"两周金文"之类的名目，这容易给人一种印象，似乎甲骨文只属于殷商而金文只属于两周。其实，"周因殷礼"，殷周文化也好，甲金文化也好，彼此关系密切，存在许多交叉衔接之处，并不能断然割裂开来。

图3-13是商代青铜器分期简表，读者可以由此看到一些青铜器形制特征。图3-14是一些甲金文字的对照列表。裘锡圭先生《文字学概要》说："著有族名金文的铜器，时代往往比早期甲骨文晚，甚至在西周早期的铜器上都还时常能看到这种金文。但是它们

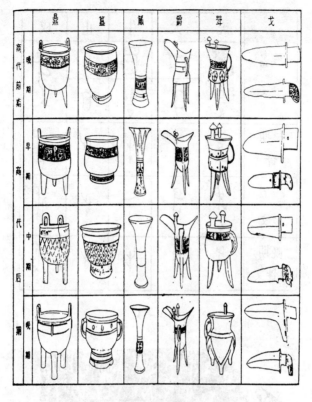

图 3 - 13

的字形却比早期甲骨文更象形。这种现象应该是古人
对待族名的保守态度造成的。"

下面我们不妨结合"妇好"、"庙号"、"周祭"及
"周原甲骨"等几个典型图例的解说来进一步探讨甲金
文字的密切关联。

图 3 - 15 是一期卜辞。文辞为："辛巳卜，争贞：
今者王共人乎（呼）妇好伐土方，受有右（佑）？五
月。""共人"，召集人众；"呼妇好伐土方"，命令妇

	虎	犬	牛	止	戌
族名 金文					
早期 甲骨文					
一般 金文					
晚期 甲骨文					

图 3–14

图 3–15

好征伐名土的方国；"受有佑"，受到保佑。

妇好是殷王武丁的诸妇之一，也是我国古代可考的第一个女将领。1976 年考古工作者在殷墟发掘五号墓，出土了大量文物，其中的许多器物上有妇好的铭文，可以确证此墓的墓主就是妇好。

图 3－16 是《妇好大型铜钺》及"妇好"铭文。

图 3－16

图 3－17 是《祖日乙戈》。铭文自左至右依次为："祖日乙。大父日癸。中父日癸。父日癸。父日辛。父日己。"上文已经谈到，殷人有以天干字为已故祖先或亲人命名的习惯。

图 3－18 是五期卜辞摹本，上部残。下部文辞为：

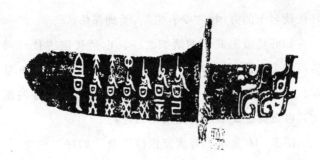

图 3 - 17

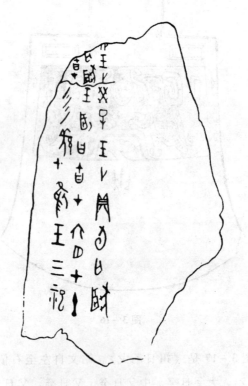

图 3 - 18

"癸巳王卜贞：旬亡（无）祸？王占曰：吉。在六月甲午彡（肜）羌甲，隹（唯）王三祀。""肜"是殷代五

78

种周祭方式之一，"羗甲"是第十六个商王。"三祀"
是某个殷王在位的第三年。

　　图3-19是《二祀邨其卣》铭文摹本。器铭为：
"丙辰，王令邨其兄（贶）雧于斧田，邨宾贝五朋。才
（在）正月，遘于妣丙彡（肜）日，大乙奭，隹（唯）
王二祀，既戒于上下帝。"器盖、器底的铭文均为"亚

图 3 - 19

貘；父丁"。器铭中有些字不易辨识。"宾贝五朋"意为赠送五朋的贝。在古代，贝是宝货之一，其数论朋。"妣丙"是大乙（即商汤）的配偶，"爽"的意思就是配偶。同甲骨文一样，此铭中也记载了肜日之祭，而且也是丙日肜的妣丙。"上下帝"指天神地神，合文（上面的"妣丙"、"大乙"也是合文）。"亚"字可能是墓穴形的摹写，"貘"是族名。此器是为祭奠父丁所作。

图3-20是"宰丰"兕骨刻辞及背面图案的摹本，其图案与铜器纹饰相似，颇耐人寻味。正面文辞为："壬午，王田（畋）于麦录（麓），获商识（痣）兕。王易（赐）宰丰寝小脂兕。才（在）五月，佳（唯）王六祀乡（肜）日"。"商痣兕"大概是身带斑痕的兕，其中"痣"原作"识"字繁体右旁部分。"小脂兕"不明其为何物，"脂"字原作左"矢"右"旨"，姑且写作"脂"。

西周也是有甲骨文的，其中以1977年出土于陕西凤雏村周原（周人的发祥地所在）遗址者为最大宗，共计近300片，字数近1000字。周原甲骨的时代大致属于周人灭商前后一段，内容可分为占卜文辞、记事文辞及卦筮记录。周原甲骨的字形小如粟米，要经过大约五倍的放大后才能看得清楚。

图3-21是一片周原甲骨的放大摹本，文辞为："癸巳，彝文武帝乙宗。贞：王其绍祭成唐，鼎御报二女，其彝血牡三、豚三，斯有正。"以上为宽式释文。"彝"是一种常规性的祭祀方式。"文武帝乙宗"指殷

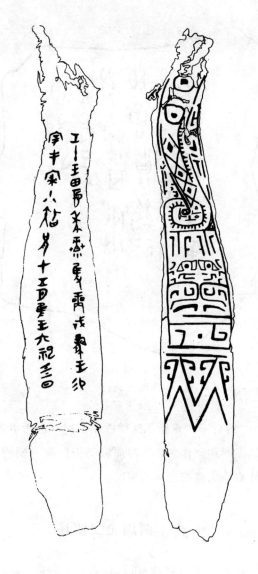

图 3-20

王帝乙（纣王之父）的宗庙。"成唐"即成汤、商汤。
"鼎"字上面似乎还有残缺的部件。"御报"都是祭祀

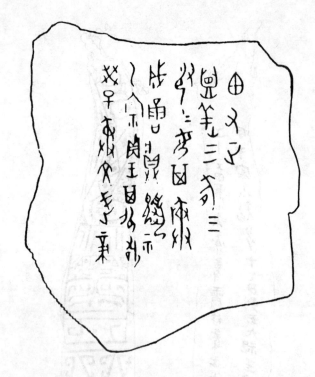

图 3 – 21

方式。"斯有正"意思是这样做才吉利。这片甲骨大约是周文王时期制作的,当时周族仍为殷商王朝的属国,所以才有周人祭祀商汤的情况。

 4　两周金文概述

两周金文的发现最早可以前推到西汉。据史书记载,汉宣帝时,"好古文字"的学者张敞曾考释过美阳(今陕西武功)发现的《尸臣鼎》。《说文解字》注意收录郡国山川所出鼎彝等"前代之古文"。对两周器物进行专门收集和研究是从北宋开始的，如吕大临的《考古图》、王黼的《博古图》、薛尚功的《历代钟鼎款识法帖》都非常有名。清人对青铜器铭文研究也很重视，重要的作者作品如阮元的《积古斋钟鼎彝器款识》、端方的《陶斋吉金录》、吴荣光的《筠清馆金文》、徐同柏的《从古堂款识学》、吴式芬的《捃古录金文》、方浚益的《缀遗斋彝器款识考释》等。这一时期关于金文的考释研究取得了长足的进步。民国以来，有罗振玉的《三代吉金文存》、刘体智的《善斋吉金录》等收录金文颇富，而郭沫若的《两周金文辞大系》（以下简称《大系》）、容庚的《商周彝器通考》等研究极为精深。金文文字方面的重要工具书有容庚的《金文编》、周法高的《金文诂林》等。

金文研究真正走上科学轨道是以郭沫若《大系》的面世为典型标志的，因为在《大系》之前学者们还无法对青铜器进行准确断代，更无法认识许许多多族徽文字的性质，对于一些疑难字词的解释也带有较大的随意性，而《大系》正是在这几方面都做出了突破性的贡献。郭沫若对铜器进行断代采用的方法是由他发明的"标准器比较法"。例如《献侯鼎》的铭文说："唯成王大祓，在宗周，赏献侯□贝，用作丁侯尊彝，天黿。"这可以肯定就是成王时代所作的器物。把此器作为标准器，以铭文中的重要人名、地名、事件等项内容为线索，同时考察其书体、花纹、形制等方面的特征，就可以判定类似器物的相对年代。《大系》序中说："据此等器物为中心以推证他器，其人名事迹每有一贯之脉络可寻。得此，更就其文字之体例，文辞之格及器物之花纹形式以参验之，一时代之器大抵可以踪迹，即其近是者，于先后之相去要亦不甚远。"《大系》运用"标准器比较法"，集录考释了西周时代武、成、康、昭、穆、共、懿、夷、厉、宣、幽诸王之器137件，东周时代吴、越、徐、楚、邓、蔡、许、郑、陈、宋、鲁、齐、卫、燕、晋、虢、秦等列国之器114件。

容庚、张维持先生《殷周青铜器通论》第六章第二节讲铭文演进的程序与中国文字的演进，其下分有三个小题目。一是铭文的图形和记号。书中认为：在彝铭中，族名的图腾有不少；古代氏族有很多用动物或无生物的名称作为姓氏的，也可以说明图腾的存在。二是铭文的加繁和书史。书中认为，殷代晚期的铭文有多至四五十字的，到了周代更把长篇记载附于钟鼎礼乐器上。西周铭文的内容除普通为亲属和自己铸器外，其重要的大概可分为：

（1）祭祀典礼，如周成王时的《令方彝》，187字；

（2）征伐纪功，如周夷王时的《不其簋》，152字；

（3）赏赐锡命，如周康王时的《邢侯簋》，68字；

（4）书约剂（盟约等），如周厉王时的《散氏盘》，375字；

（5）训诰群臣，如周宣王时的《毛公鼎》，497字；

（6）称扬先祖，如周恭王时的《师望鼎》，94字。

三是铭文的趋简和装饰。书中认为：春秋以后，铭文日趋简短，器制也日趋简陋。

郭宝钧先生《商周铜器群综合研究》第六章第五

节讲到铭文的刻铸时说：周初铭文各有风格，很少沿袭；演进到了穆王，策命渐多，书史如有定格；到厉王时，铭文布局，差不多"公文程式化"了。例如周宣王时的《辅师嫠簋》的格式：

惟王九月既生霸甲寅，	纪时
王在周康宫，格大室，即位。	纪地
荣伯入右辅师嫠	右者和受命者
王呼作册尹册命嫠	作册尹
曰："赓乃祖，考司辅……"	旧命（册命辞）
又，"今余曾乃命，	新命（册命辞）
锡（赐）汝玄衣黹纯……	赏赐（册命辞）
日用事"	勉励（册命辞）
嫠拜稽首，敢对扬王休命，	对扬
用作宝尊簋。	作器
嫠其万年，子子孙孙永宝用事。	祝愿

实际上，我们看西周中期的金文篇章，80％以上都有类似于上面的格式。因此，对于学习金文的人来说，只要挑选典型的一些篇目下工夫吃透，就能解决很多问题。

金文和甲骨文几乎是同时发生的，它们的形体和结构也属于一个体系。两者的主要区别在于：

（1）时代上的差异：迄今发现的甲骨文最晚到周初一段为止，而金文则延续到战国秦汉甚至更晚。

（2）字体上的差异：甲骨文主要是用刀刻的，而金文则主要是用模子铸造而成的，因而前者的字体瘦硬，后者的字体粗壮圆转。

（3）篇幅上的差异：甲骨文多属于占卜的记录，文辞比较短；金文多属于铭功的篇章，文辞比较长。

据容庚先生《金文编》统计，金文单字共有 3500 字左右，其中可以释读出来的有 2000 多字，这些金文对研究晚商、两周的历史文化和汉语汉字有着重要的价值。

下面采用宽式释文，选释四篇两周金文（首篇附注）。

图 3-22 是武王时的《利簋》铭文，文中记有武王伐纣灭商这一重大的历史事件，与史书所载相符——

图 3-22

珷（武）征商，佳（唯）甲子朝。岁鼎，克闻（昏）夙又（有）商。辛未，才管师，易（赐）又（有）事（司）利金。用乍（作）旃公宝尊彝。

"珷"左"王"右"武"，"武王"专用字。"武"字本身，上"戈"代表武器、武装，下"止"（趾）代表行动。"甲子朝"，甲子日的早上。《尚书·牧誓》说："时甲子昧爽，王朝至于商郊牧野。""昧爽"就是清晨。《逸周书·世俘解》说："越五日甲子朝至，接于商，则咸刘商王纣。""咸"是完全彻底，"刘"是斩首戮尸。"岁鼎"两字不易索解，一般认为是岁星（即木星，古代用以纪年）正当其位，我们认为或许是行动前的某种宗教仪式。"克"，可以，能够。"闻"字原象人举手拊耳，专心聆听，这里借用"昏"。　"昏"是傍晚、夜间，"夙"是早上、白天，"昏夙"代指一整天。"管"字原作上"阑"下"间"（中从"月"作），已故于省吾先生释读通"管"，"管"是地名，在今郑州。"师"，原作繁体"師"的左旁，义为军队集结之所。"易"，左三撇代表水注，右象器皿有把手形（甲金文有更象形的"易"字，以此一杯水注入彼一杯），本义是给予或变换，这里用为其后起字"赐"。"又事"，有司，有所专司，是古代一般官员的通称。"事"、"史"、"吏"本是一字。

图 3 - 23 是懿王时的《大师虘簋》铭文——正月既望甲午，王才（在）周师

量宫，旦，王各（格）大室，即立（位），王

乎（呼）师晨召大师虘，入门，立

中廷。王乎（呼）宰囿易（赐）大师虘

虎裘。虘拜稽首，敢对扬天

子不（丕）显休。用乍（作）宝簋，虘其

万年永宝用。佳（唯）十又二年。

图 3 - 24 是春秋中期晋国的《栾书缶》铭文。栾书其人见于《左传》，也称栾伯、栾武子。铭中"缶"

图 3 - 23

字从"金"旁，整篇文字也有繁化、草化倾向。行文
自左至右，比较特殊。

正月季春，元日己丑。

余畜孙书也，择其吉

金，以作铸缶，以祭我

88

图 3 – 24

皇祖。虞（原下从"鱼"）以祈眉寿。栾
书之子孙万叶（世）是宝。

图3-25是战国中期楚国的《鄂君启节·车行陆程》铭文，释文采自马承源先生《中国古代青铜器》一书，另有《舟行水程》，这里从略。

鄂君启节（车行陆程）释文

大司马卲（昭）郍（阳）败晋市（师）于襄陵之歲（岁），顕（夏）屍之月，乙亥之日，王匜（处）于茂郢之游宫。大攻尹雎恩（以）王命集尹恩精，戴（镲）尹逆，戴戴（令）阮，为鄂君启之（府）賸铸金节。车五十乘，歲能返。毋载金、革、黽（箘）箭。女（如）马、女牛、女德（特）屯十昷堂（当）一车；女檡（榑）徒，屯廿榑昷堂一车；弗弒（毋）于五十乘之中。自鄂往，庚昜（阳）丘（丘），庚𤲞（方）城，庚象禾，庚昷（菜），庚郢，庚缑昜，庚萬坻，庚下𦰩（蔡），庚居𤲞（巢），庚郢。见其金节则毋政（征），毋余釋飤。不见其金节则政。

图 3－25

马先生说："鄂君启节是楚怀王颁发给鄂君启的运输货物免税证件，共有两组，一组残存二块，另一组残存三块。节是政府颁发的凭证，形式和内容各有不同。鄂君启节用青铜做成竹片状，凡五片合成竹筒形为一组。铸作时同一内容成好几组，一组放在政府中作档案保存，一组赐给鄂君，其余若干组分别藏于水陆通道的重要关卡，以备查验对证。鄂的地望，就是现今的湖北鄂城。""节上的铭文是用黄金镶嵌而成，内容分为舟行水程和车行陆程两组。据铭文，颁发此节是在'大司马昭阳败晋师于襄陵之岁'。据历史记载，此次楚国击败晋师（魏）的战役是在公元前323年，即楚怀王六年。铭文中说，就在这年的夏月乙亥这一天，怀王在楚都郢（在今湖北江陵西北）的游宫中下达了命令。怀王的大工尹遵照王命，命令他的属官为鄂君启的财政部门造了金节。……"

甲金文字简释二则

　　古文字知识的学习，首要的当然是关于古文字形音义的学习，但仅此还不够，还要结合古文献、古文物、古文化进行全面探索。下面的两则简释作为尝试，也作为示例，谨供读者赏析批评。第一则可以叫做"囧的启示"。

　　"囧"这个字或许大家还不太熟悉，其实它有"炯"和"烱"两个后起字比较常见。三字并行于世，而字音都读作 jiǒng，义为"光明"，可以举一反三。下面着重谈谈远古时代"囧"的本形本义及其带给我们的一些重要启示。

　　"囧"形最初出现在距今约五千年前的远古陶器、特别是陶制纺轮上，是纺轮的主体纹饰之一。进入商周时代后"囧"纹更为盛行，大的青铜器上随处可见。关于此类纹饰的名称，有人叫它涡纹，有人叫它火纹，都很形象，但并不全面。我们之所以取"囧"纹之说，是因为它与甲骨文中的"囧"字形体相似，意义相通，本来就是一脉相传的。

"囧"在古书中常见的解释是"光"和"明"。"明"，从甲骨文到篆隶楷书都有"日月"、"囧月"两种写法，可知"囧"与"日"互通，可以变换。事实上，透过远古"囧"纹"囧"字圆中旋转的笔势，我们所看到的正是日月照射下光和气的蕴积勃动，而这应该就是"囧"的本义。《说文解字》说"囧"是窗牖中斑驳陆离、日光摇曳之象，虽然不很准确，却很耐人寻味，因为采光通气的窗牖景象，着实能把"囧"字构形立意的旨趣蕴于其中。

要想真正弄懂一个字，首先就要弄懂这个字的构形立意的旨趣，理出这个字发展演变的脉络。这可以说是文字学的起码要求。更高的要求，则是尽量联系社会历史文化去做深入的考察，看它能给我们带来什么新的启示。大致说来，上古的"囧"纹"囧"字可以给我们带来下述两点重要启示：

第一，著名的易学八卦太极图的构形当与"囧"有关。通常认为太极图是古人仿照水中两鱼相会的情景而绘制的，而这种理解显然褊狭了点儿。拿太极图圆中旋动的景象与上古"囧"形对照，不难发现彼此有惊人的相似之处。"明湖映天光"（李白诗句），"涵虚混太清"（孟浩然诗句），两者的相似绝不是偶然的巧合。这也就是说，太极图同样反映的是日月照耀下光和气摇曳升腾的景象。同时，与上古时代"囧"形联系起来后，还可为太极图产生的时代找到一个考古学意义上的可靠坐标，从而避免那种仅凭猜测说它起源于渔猎时代、伏羲时代、战国时代等种种想当然的提法。

第二，从"囧"纹"囧"字的传承看，汉字的产生肯定曾经经历过一个相当漫长的酝酿过程，而绝不会是一蹴而就的。试把距今5000年前（囧纹始流行）到3000年前（始有甲骨文）作为汉字起源的酝酿期，应该是比较可信的选择，应该比单从仰韶文化陶符推测，或干脆从甲骨文算起，要来得更有说服力。

当代古文字学家高明先生不久前曾指出："汉字的起源绝不是只经一次试验即走向成功的，而是经过无数人的探索，若干次的试验，经过反复创造、使用、淘汰、再创造、再使用、再淘汰，不知经过了多少年，失败过多少次，最后才找到能适应汉语特点的要求的象形字体。"这是很精辟的见解。

图3-26，上行：一二，纺轮"囧"纹；三，青铜器"囧"纹；四，甲骨文"囧"；五，篆文"囧"；

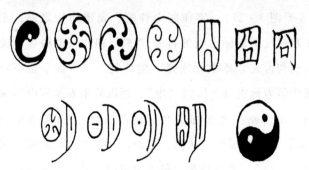

图3-26

六七，楷书"囧"。下行：一二，甲骨文"明"；三四，《说文解字》"明"；五，太极图。

第二则可以叫做"电，神，雷公"。请先看图3－27甲骨文、金文及《说文解字》所收"电"（包括"申""神"）和"雷"。

图3－27

现代社会一时一刻都离不开电。带"电"的词，如电灯、电话、电影、电视、电脑、电梯、电车、电炉、电扇……可以排出一长串。然而，你知道古人眼中的"电"是怎样的吗？

商代甲骨文中的"电"和"申"是同一个象形字（参看图3－27）。字作闪电炸裂、光耀曲折之形，主体和现代用来标志电的符号"ϟ"相似。也很容易使人想到古人"雄电动连蜷"的诗句。由于此字很早就被假借为地支第九位的"申"，所以后来表示闪电本义的"电"便在上面加了个"雨"头。《说文解字》："电，阴阳激耀也，从雨，申声。"用"阴阳激耀"来解释"电"，无疑是符合科学原理的。另外，从《说文解字》的说解中，还可以印证"电"、"申"原本是同

94

一个字。"电"的现代简化字经过改变笔势重新恢复了古代写法，足见简化字有时比繁体字更能存古。

"申"字在《说文解字》中有两个解说，一是"电"（见"虹"字下），一是"神"（"申"下）。周代金文里有"享孝于皇申祖考"的话，意思是"祭献和孝敬伟大的神灵祖宗"。把"申"——也就是"电"——当"神"字用，说明当时的人的确是把"电"和"神"当成一而二、二而一的东西来看待的。后来"申"旁加"示"才分化出"神"字。

古人究竟为什么把"电"看成"神"呢？列宁说过："恐惧创造了神。"不错，正是人们对雷电的恐惧和敬畏创造了"神"。试想，古代所遇到的自然灾害，像山崩地震，森林大火，狂风暴雨，洪水泛滥，哪一样不是和雷电伴随在一起呢？《诗经》中就有"烨烨（音 yèyè，光焰夺目的样子）震电，不宁不令（不令，不好）"的诗句，而古书中关于雷电击杀人畜的记载也比比皆是。就这样，古人对电的恐惧敬畏，变而为对神的恐惧敬畏，"电"也便成了"神"。

说过电神，再看雷公。"雷"在商周古文字中从"电"，"电"的四周有点、圈、田（参看图3-27），借以表示雷电相将、轰然有声。汉代王充在《论衡·雷虚篇》中说："图画之工，图雷之状，累累如连鼓之形。又图一人若为力士之容，谓之雷公，使之左手引连鼓，右手推椎，若击之状。其意以为雷声隆隆者，连鼓相叩击之意也；其魄然若藏裂者，椎所击之声也；其杀人也，引连鼓相椎，并击之矣。"宋人王至《云仙杂记·天鼓》："雷曰天鼓，雷神曰雷公。"雷声威震八方，如同擂动天鼓，可知古文字"雷"字的"田"旁并非田地之"田"，而是用来形容雷声的，甚至竟是用来图画"连鼓"之状的。

最后我们想说的是，在我国丰富多彩的神话世界里，同样映示着汉字文化的光环。

四 篆文兴起，汉字划一

西周以后到秦灭六国以前的春秋战国时代，汉字的字体由于列国纷争及文化差异而显得相当混乱。其中只有秦国的文字较好地继承了西周金文的特点，并且日益趋向于规整化。这是一个系列，可称之为西土文字。另一系列文字，即相对于春秋战国时期的秦国文字而通行于东部各国的文字，可称为东土文字或六国文字。其特点是比较草率，一般带有明显的简化倾向，在某种意义上也可说是开了古隶先河。

总的来说，此时已到了古文字阶段的末端，或者说是近代文字的开端，而东土文字的丰富多彩和西土文字的规整划一，形成了鲜明对比。在同异繁简之间，统一和简化是主流。

 秦国的金石文字

《秦公簋》，民国初年出土于甘肃省天水县，盖器连铭，铭中有"十又二公"句，大致可算到春秋时代的秦桓公或秦景公。图 4 – 1 为《秦公簋》前半部分，以示秦系文字的大样。

图 4 – 1

秦公曰："丕（丕）显

朕皇且（祖），受天

命，鼎（？）宅禹责（迹）。

又十二公，才（在）

帝之坏（？），严龚（恭）

夤（寅）天命，保夔（薛）

厥秦，虩事（使）蠻（蛮）

夏。余虽小子，穆=（穆穆）

帅秉明德，剌=（剌剌，烈烈）

趄=（趄趄，桓桓），迈（万）民是敕

......"

图 4 – 2 是《秦始皇廿六年诏版》文字。据《史记·秦始皇本纪》，秦王政二十六年，群臣议帝号为"泰

皇"，秦王政说："去'泰'著'皇'，采上古'帝'位号，号曰'皇帝'……制曰：……朕为始皇帝，后世以计数，二世三世至于万世，传之无穷。"自此中国有了"皇帝"。铭文中"黔首"指黎民百姓。

图 4－2

廿六年，始皇尽并
兼天下诸侯，黔首
大安，立号为始皇。
乃诏丞相状、绾，
法度量则，不一、

99

歉疑者，皆明一之。

秦系文字或西土文字庄重、规整的风格，通过上面两篇铭文可以很清楚地反映出来，而这也正是对宗周金文的继承发展。

古人为了使自己的事迹或思想流传后世，除了在青铜器上刻铸文字外，也在石头上刻字。由于青铜比较难得，竹简帛书上写字一般不如石头上刻字容易长时间保存，而开采大石，稍加琢磨，比较方便省事，坚固耐久，所以长期以来都十分盛行。

我国现存最早的石刻文字是公元前 4 世纪左右的《石鼓文》。唐代初年，在天兴县（今陕西省宝鸡市）南三畤原挖出 10 块大石头，上面刻有文字。每块石头的直径有 3 尺多，石头的形状有点像大鼓，因此人们叫它石鼓，把刻在上面的字叫做《石鼓文》。每块石鼓上的文字都是一首四言诗，一共 10 首，内容是记述秦国国君整治道路、游观渔猎的盛况。由于讲到打猎内容的特别多，所以后人也称它为"猎碣"。"碣"是圆顶碑石。石鼓现藏故宫博物院，其中一面鼓上的文字已磨灭，其余有残缺。现在研究《石鼓文》主要根据古代的一些拓本，其中以北宋"先锋"、"中权"和"后劲"三种拓本尤为宝贵，郭沫若生前写有《石鼓文研究》一书，是《石鼓文》研究中的力作。

《石鼓文》与金文相近，属于大篆，有人认为是"篆书之祖"。大家公认为《石鼓文》是秦国的刻石，但究竟是秦文公或秦穆公时候的，还是秦襄公或秦献公时候的，却没有定论。大致说来，它们应该是公元前 756 年到前 344 年间的遗物。

图 4－3 是《石鼓文·车工篇》的摹写及郭沫若的释文，均采自《石鼓文研究》。

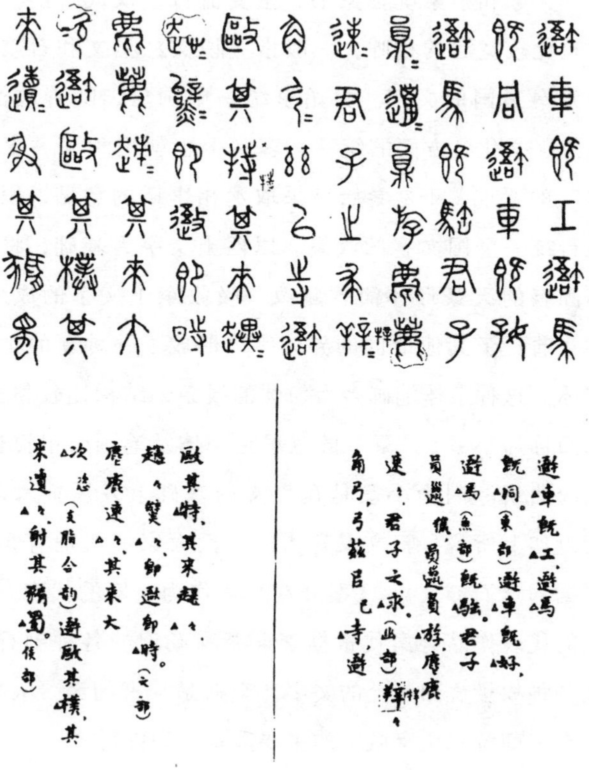

图 4－3

关于《石鼓文》，唐代的大诗人韩愈、杜甫、韦应物等都有诗篇题咏，大加赞赏。郭沫若进一步指出："《石鼓文》中，如上所述，直接的社会史料虽然不多，但从文学史的立场来看，却当作不同评价。《石鼓文》是诗，2600 多年前古人所写所刻的诗遗留到现在，这样的例子在别的国家并不多见。它在诗的形式上每句是四言，遣辞用韵、情调风格，都和《诗经》中先后时代的诗相吻合。"

大篆和小篆统称篆书，主要流行于汉代之前。大篆是比较宽泛的称呼，一般指《说文》籀文和石鼓文等先秦秦国的文字。秦始皇统一中国后，随着政治、经济、文化各方面的统一，客观上也就出现了"书同文"的要求，于是秦始皇采取丞相李斯的意见，积极推行统一全国文字的政策。以西土文字为基础，将秦国固有的大篆形体简省删改；吸收东土文字的成果，淘汰通行于其他地区的异体字，形成了一种新的正式字体。这种字体笔画多为匀圆的线条，结构比较整齐，因而称为小篆。"篆"的意思是字体及笔画引申拉长、圆润曲折。因为小篆是在籀文的基础上发展而来的，所以如上所说，籀文又称大篆，而大家一般把有实物可据的《石鼓文》、《秦公簋》等作为大篆的代表。小篆的代表作品有秦代根据李斯撰写勒记的各种刻石以及各种权量、诏版上的文字。李斯是篆书的第一大家，是秦王朝统一文字政策的主要策划人和推行者。

篆书特点在于字体结构整齐，无论笔画多少，都是一笔一笔拉长来写，笔画的疏密长短都要求配合好。汉字到了小篆阶段，从笔画到结构，前所未有地表现为定型化，对汉字规范起了很大作用。甲金文字存在的大量异体，直到小篆成为标准字体，才归于基本统一。

小篆在汉字的历史发展上，是从表形文字阶段演进到纯粹的表意文字阶段的一种代表性和关键性的字体，它使得汉字逐渐脱离了"随体诘诎"的图画意味而趋向线条化，这样才给汉字向纯粹表意文字阶段过渡提供了条件。此后字体的变迁，从篆书、隶书、楷书、草书以至简体字，虽然在字形构造和造字原则上仍有很多变化，但是偏重点更在于笔画的减少和笔势方折化。由此可见，小篆在汉字字体的历史发展中是占有极其重要的地位的，它奠定了方块汉字的基础。但是，小篆在实际应用中并不多见，其后实际成了一种匾额文字。

　　从字数上来说，甲金文字约有 5000 个。到了秦汉之际，利用增加意符（以原有字为声符）和声符（以原有字为意符）等方法新造了大量形声字。到了东汉时，已有近万字之多（《说文解字》所采录的小篆是 9353 个）。字数的增多，说明汉字体系已经日益完善起来，而有关汉字的研究体系也随之建立起来了。

　　秦代的刻石，主要有《峄山刻石》、《泰山刻石》、《琅琊台刻石》、《芝罘刻石》、《碣石门刻石》和《会稽刻石》等，它们都是根据秦朝丞相李斯篆书刻写的。公元前 220 年至前 210 年间，李斯曾随秦始皇巡游各地，撰文作书，刻石铭功。这里我们截取《峄山刻石》部分附在下面，作为图 4－4，请

峄山刻石
图 4－4

读者参看。

皇帝立国，维初在昔。嗣世称王，讨伐乱逆，威动四极，武义直方。戎臣奉诏，经时不久，灭六暴强。廿有六年，上荐高号，孝……

简帛文字和盟书文字

出土文物资料证明，从战国到魏晋时期，人们主要是用竹简丝帛来写字的。这里主要介绍先秦部分。

用来写字的竹片叫简，木片叫牍，统称为简，连称简牍。若干简编缀在一起就叫策（通"册"），连称简策。由简到册，是用绳子把简的两头拴在一起，剩下一点绳子，扎成一束，就是一册书。甲骨文里已有"册"字和"典"字。"典"是宝贵的书册，像两只手捧着"册"的形状，而"册"是个象形字，由参差不齐的竖画（像一支支的简）和连贯各简的横画（像捆简用的绳子）组成。这说明早在商周时就已经有了简策。由于典册简牍容易腐烂，所以从考古发现的情况看，较早的简牍属于战国时代。编简的带子，有的是用丝绳，叫"丝编"，有的是用熟牛皮，叫"韦编"。一册书内容首尾完整，叫做"篇"。"篇"从"竹""扁"声，本是简策的计数方式，后有篇章、篇幅以及量词等用法。牍一般只用作简短通信，是辅助的书写材料。

战国时代，上溯到春秋，下延到秦汉，正是我国经书形成、诸子蜂起的重要历史时期，大部分经史百家著作原来都是写在竹简上的。汉武帝末年，鲁共王为扩建宫室，拆毁了孔子的旧居，在墙壁中发现了大量的战国竹简，经过孔子的后人、汉代著名学者孔安国的辨识、整理，得知这批竹简中有《尚书》、《礼记》、《论语》、《孝经》等数十种古代书籍。由于这些竹简的发现，还引起著名的今古文经学之争。今文经学是师徒口耳相传式的经学，古文经学则在辨识、整理"壁中书"基础上形成的经学。这是我国历史上最早发现的一批竹简。

晋武帝时汲郡有人盗掘战国时代魏襄王墓，从墓中掘出带字的竹简好几十车，这是我国历史上竹简的又一次大批发现。经过整理，发现有《竹书纪年》、《易经》、《国语》、《穆天子传》等许多著名的战国文献。根据出土地点，人们叫它"汲冢书"；由于竹简上的战国文字是用古隶写成的，起笔较尖，末笔较重，形状就像蝌蚪，因而人们就叫它为"科斗字"。这也说明战国时代的文字在晋人眼里已经很不熟悉了。当然，竹简上的字形，随时代和地点的不同而有一定区别。如战国时的楚简，字形属于古隶，即兼有大篆的构型和隶书的笔意。

近代以来，各地有不少汉简出土，但秦简却发现很少。1975 年湖北云梦睡虎地秦墓中出土竹简 1155支，除《编年纪》和《日书》两种以外，其他的都是法律文书，内容非常重要。图 4－5 是睡虎地秦墓竹简文字及释文。

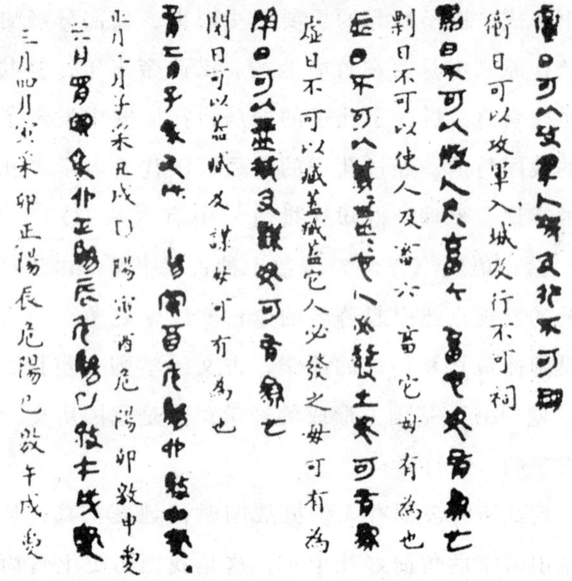

图 4-5

　　人们还常常"简帛"并提，简指简策，帛指帛书，是按材料称呼的。帛是白色的丝织品，是很好的书写材料，不过价格昂贵，一般人用不起，只有比较重要或宝贵的文献才用帛来写。根据文章的长短把帛裁剪下来，自成一篇，卷成一束，叫一卷，因此后世也把一册书称为一卷书。1973 年 12 月，在长沙马王堆出土了大批帛书。至于先秦帛书，主要的就是新中国成立前出土于湖南长沙东郊子弹库的楚帛书，也叫楚缯书。楚帛书写在一幅大致呈方形的丝织物上，由三部分文字组成，内容主要讲敬天顺时、神话传说和日月禁忌等。图 4-6 是楚帛书局部文字的框写。

　　宋人喜欢集录前代的文字材料，其集录战国文字

106

材料的，有郭忠恕的《汗简》和夏竦的《古文四声韵》。图4-7是《汗简》开卷部分的内容，读者可以由此看到战国文字之一斑。

以上介绍了简帛文字，下面附带介绍一下盟书（主要是侯马盟书）文字。1965年12月，在山西侯

图 4-6

图 4-7

107

马晋国遗址出土 5000 余件多为圭形的玉片、石片，经辨认，内容是战国时代晋国赵氏家族及其同盟订立誓约的言辞，而其形体则足以作为战国时晋国文字的代表。请看图 4 - 8。

　　胡敢不半（判）丌（其）腹心以事丌（其）宗，而敢不尽从嘉之明（盟），定宫平畤之命，而敢或变助

　　及夵卑（俾）不守二宫者；而敢又（有）志復（复）赵化（尼？北？）及丌（其）子孙于晋邦之地者，及群虖

　　明（盟）者，虗（吾）君丌（其）明恆（殛）视之，麻（灭）夷非（彼）是（视、氏）。

🌀 3　《说文》和"说文学"

　　《说文解字》是我国文字学史上一部伟大的著作，作者许慎是我国文字学史上一位杰出的学者。在世界文字学史上，这样的著作和这样的学者都是占有崇高地位的。从一定意义上说，许慎写出《说文解字》正像司马迁写出《史记》一样，是历史上的一大文化盛事。

图 4 - 8

　　图 4 - 9 是许慎的画像，图 4 - 10 是《说文》部首、正文及叙文的局部展示。

首先，《说文解字》是我国字典史上最早的系统之作，达到了当时的最高水平，收字全面，诠释精到，条例十分清晰，因而被后世视为经典之作，影响极其深远，并且逐渐形成了"说文学"。《说文解字》保存的大量古字古义，可为研究古代典籍文献、探讨文字起源

图 4－9

流变提供宝贵的证据。且不说当时及唐宋笺注古书已对《说文》大量引用，就是晋代吕忱的《字林》、梁时顾野王的《玉篇》、清代张玉书等的《康熙字典》、现代的《汉语大字典》等按偏旁部首排列文字的字典，除了部首调整、字数增加外，在基本点上差不多也都本于《说文解字》。换言之，《说文解字》是当之无愧的汉字字典之祖。

我国古代典籍的研究有三个高潮，一个在汉代，一个在唐代，一个在清代。清代文字（形）、音韵（音）、训诂（义）及整个文献学发达，其重要的一个原因就在于重视对《说文解字》的研究。这正如《中国大百科全书·语言文字卷》所说，有的校勘《说文》，有的为《说文》作注，有的研讨《说文》的体例以及书中引经、读若之类，著作如林，纷然并陈，知名的不下百余种。其中的佼佼者有段玉裁的《说文解字注》，桂馥的《说文解字义证》，王筠的《说文句

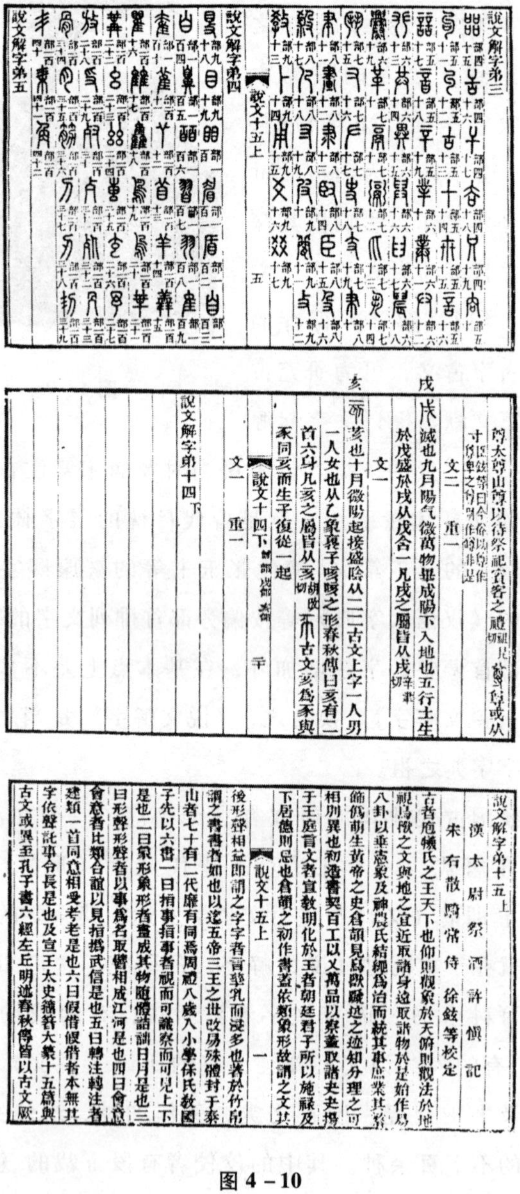
說文解字弟三

說文十五上 五

說文解字弟四

說文解字弟五

尊太尊山尊以待祭祀賓客之禮（祖昆切）䔿尊或从寸（臣鉉等曰今俗以尊作尊卑之尊別作樽非是）

文二 重一

戌 戌滅也九月陽气微萬物畢成陽下入地也五行土生於戊盛於戌从戊含一凡戌之屬皆从戌（辛聿切）

文一

亥 亥荄也十月微陽起接盛陰从二二古文上字一人男一人女也从乙象褱子咳咳之形春秋傳曰亥有二首六身凡亥之屬皆从亥（胡改切）古文亥為豕與豕同亥而生子復從一起

文一 重一

說文十四下 二十

說文解字弟十四下

說文解字弟十五上

漢 太 尉 祭 酒 許 慎 記

宋 右 散 騎 常 侍 徐 鉉 等校定

古者庖犧氏之王天下也仰則觀象於天俯則觀法於地視鳥獸之文與地之宜近取諸身遠取諸物於是始作易八卦以垂憲象及神農氏結繩為治而統其事庶業其繁飾偽萌生黃帝之史倉頡見鳥獸蹏迒之迹知分理之可相別異也初造書契百工以乂萬品以察蓋取諸夬夬揚于王庭言文者宣教明化於王者朝廷君子所以施祿及下居德則忌也倉頡之初作書蓋依類象形故謂之文其後形聲相益即謂之字字者言孳乳而浸多也著於竹帛謂之書書者如也以迄五帝三王之世改易殊體封于泰山者七十有二代靡有同焉周禮八歲入小學保氏教國子先以六書一曰指事指事者視而可識察而可見上下是也二曰象形象形者畫成其物隨體詰詘日月是也三曰形聲形聲者以事為名取譬相成江河是也四曰會意會意者比類合誼以見指撝武信是也五曰轉注轉注者建類一首同意相受考老是也六曰假借假借者本無其字依聲託事令長是也及宣王太史籀著大篆十五篇與古文或異至孔子書六經左丘明述春秋傳皆以古文厥

說文十五上 一

图 4－10

读》，朱骏声的《说文通训定声》等等。近代丁福保作
《说文解字诂林》，搜集不遗余力，可以说是许学渊海
了。另外需要特别指出的是，清代"说文学"的昌盛，
还极大地带动了古代文化的研究热潮，实在是一件了
不起的事。

通常是把"文字"作为一个词来用的，但在《说
文解字》中则把"文"、"字"作为两个概念来分别加
以解释，许慎在《说文解字·叙》中指出："仓颉之初
作书，盖依类象形，故谓之文，其后形声相益，即谓
之字。字者言孳乳而寖多也。"意思是说，"文"指的
是整体象形表意的独体字，"字"指的是结体有表形表
声的合体字。很显然，独体字是汉字的基础部分，合
体字是汉字的主体部分。《说文解字》的命名，含有全
面诠释独体字和合体字的意思。

同独体字、合体字相联系的还有"六书"概念。
"六书"一名早已有之，只是到了《说文》才第一次
给出简明扼要的界定和举例：

一曰指事。指事者，视而可识，察而见意，上
下是也。

二曰象形。象形者，画成其物，随体诘诎，日
月是也。

三曰形声。形声者，以事为名，取譬相成，江
河是也。

四曰会意。会意者，比类合谊，以见指㧑，武
信是也。

五曰转注。转注者，建类一首，同意相授，考

老是也。

六曰假借。假借者，本无其字，依声托事，令长是也。

"六书"中象形、指事是独体字，形声、会意是合体字，转注是字义的引申，假借是字音的借用。关于指事、转注、假借，学术界仍存在争论，限于篇幅，这里无法细说。象形、会意、形声是汉字构造的主要方式，所以著名文字学家唐兰先生才据此提出"三书说"。象形的例子，如"日、月"二字，就画出了太阳和月亮的轮廓、特征。会意的例子，按《说文解字》的说法，是"止戈为武"（制止战争，古代有所谓"以武禁武"的武德）、"人言为信"（人说话要讲究信用）。这不太准确，我们可以另外举几个例子，如双木为"林"，三木为"森"，日月为"明"，日落草丛为"莫"（"莫"是"暮"的本字，下面的"大"本来也是"艹"。"暮"又加一"日"，是因为"莫"常假借为别的用法）。形声例子，如"江、河"二字，都从"水"为形符，"江"从"工"为声符，"河"从"可"为声符，一字之中，有表示形的部分，有表示声的部分，所以叫做作形声字。形声字能产性最强，因而在汉字中所占比重最大。

《说文解字》全书的体例是严整而有系统的。首先，它以小篆为字头，共 9535 个，兼收或体（即小篆异体字）、古文（主要是壁中书，可以看做战国时东土文字的一种代表）、籀文（即大篆，可以看做战国时西土文字的一种代表）及一些俗体字作为重文，共1163字。仅就字形收集这一项工作来说，《说文解字》已经较之其前及与它同时代的字书、辞书占了很大的优势。其次，《说文解字》全面剖析了篆文的字形结构，并根据不同的偏旁，将所有字分别隶属在540部之下，成为第一部分立部首之作，在揭示汉字构型规律上以及便利系统叙述、快速检索上，又占了绝对优势。再次，《说文解字》把形义相近的部首聚在一起，部首之内，又大致依据从实到虚、由褒到贬的原则，把意义相近的字聚在一起，使系统得以贯彻始终。

　　由于《说文解字》收字全面、诠释精到、条例清晰，其中既有先秦的古字，也有汉代的新字，为考察汉字、汉语及汉文献、汉文化发展演变的历史提供了十分宝贵的材料和证据。甲骨文、金文的认读方法中，有种叫做"对照法"的，大致就是利用《说文解字》所收篆、籀、古文诸种字体与甲金文字进行对照。如果没有《说文解字》，对更早古文字的考释就困难多了。《说文解字》所收形声字都指出了声符，为研究先秦两汉古音提供了丰富的材料，事实上，清代以来对于古代声类和韵部的研究也正是在充分利用《说文解字》形声字的基础上才取得巨大成就的。《说文解字》的释义大致都属于字的本义，以本义为纲领，可以把引申义、假借义等整个字义系统梳理出来，为古籍的阅读和研究提供了坚实的证据。至于《说文解字》形、音、义所反映的民俗文化内涵就更丰富了。因此，专家们一再建议，对文字学有兴趣的初学者，一定要首先阅读有关《说文解字》的书。

当然，《说文解字》毕竟是东汉的著作，许慎也不可能见到像甲骨文、金文等那么早的古文字材料，所以它在形音义各方面都还有一些缺陷，甚至谬误。这样说来，一方面要求读者辩证地看待《说文解字》，另一方面又要求读者在阅读学习《说文解字》的同时，也要配合着阅读学习一些有关甲骨文、金文方面的研究著作，具有一定的辨别能力，学到比较全面和准确的汉字知识。

五 隶、草、楷、行

本章着重介绍近现代汉字的各种主要书体及其流变。

 ## 从古隶到今隶

传统的观点认为，隶书是由小篆简化演变而成的一种字体，产生的时代是秦。许慎在《说文解字·叙》中说："秦烧灭经书，涤除旧典，大发隶卒兴役戍，官狱职务繁，初有隶书，以趣约易，而古文由此绝矣。"大意是说，秦始皇焚书坑儒、禁绝原有古籍以后，大肆征发徒隶，大兴徭役，官狱职事繁多，于是开始出现隶书，趋向于简约便捷，而古文从此就绝迹了。晋朝卫恒在《四体书势》中说："秦既用篆，奏事繁多，篆字难成，即令隶人佐书，曰隶书。""隶书者，篆之捷也。"这些是说，和小篆相比，隶书是一种比较便捷易写的书体，由于政务繁杂、需要大量书写的缘故，因而就采用隶书书体，由普通小官吏协助书写，这确实是一种合乎情理的解释，也有个缺点，好像隶书是突然间产生的，而事实上却并非如此。

秦代的隶书还和小篆相当接近，因为它通行于秦代，所以被称为"秦隶"。秦隶经过演变，逐渐脱离篆意，同时进一步丧失汉字的象形意味，于是形成自己独有的风格特点：字形扁平，字的构架多有方折棱角，笔画有粗有细，形成波势和挑法，所谓一波三折，蚕头燕尾，使汉字形体出现了质的变化。如果说篆书以上的古文字，其字形还带有浓厚的摹写实物的意味，那么隶书以下的近代文字，字形则更多地讲究自身结构的完整性。象形性减弱了，符号性加强了，因形见义的基础丢失了，横竖撇捺的作用由此显现出来，这就是质变，就是古文字和今文字的分水岭。对楷书来说，隶书又具有承上启下、继往开来的过渡性质，它的地位也就因此显得非常的重要。

一般说的"一波三折、蚕头燕尾"式的隶书，主要是指通行于西汉中叶到晋初一段时间里的"汉隶"。汉隶的结构体系完整、特点鲜明，对后代有深远的影响，即使在楷书时代，也仍有相当广泛的应用。由于汉隶讲究波磔，特别是撇笔和捺笔，像"八"字一样呈左右分开的形状，所以又称为"八分"。清代翁方纲作《隶八分考》，认为："汉人有波之隶，则由隶渐增笔势，其形象'八'字分布，故曰'八分'。"并引用到高凤翰《八分说》："笔画平直，仍（意为沿袭）小篆而去其繁重者，隶也。因隶而加掠捺，八分也。"

这里仍有必要重点谈谈隶书的产生和隶变问题。问题是这样提出来的：秦代的隶书到底是否就是隶书之源呢？根据最新考古发掘出土的资料来看，秦隶之前已有古隶存在。如云梦睡虎地秦代墓葬遗址出土的竹简上的文字，字体已有较多的隶意，有波磔，有挑法，书写比其后出现的小篆还要草率快捷得多。这意味着隶书的产生年代要早于传统看法，约为战国末期。也可以说隶书不是直接从小篆简化演变来的，而是与小篆（正规体）同时并行的简捷体。

隶书之所以比篆书简捷易写，关键就在于"隶变"。所谓隶变，是指隶书在结体和笔势等方面相对于篆书的变化。这种变化具体地说有以下两个方面：第一，把作为古文字主要特点之一的匀圆的笔画改为带有波折的笔画。第二，把一些合体字的偏旁作省简改并的处理，使它适合于新的书体结构笔画特点，并趋于固定化。再强调一句，隶书的出现结束了几千年来的古文字，形成了今文字的格局，在汉字发展史上具有十分重要的意义。

汉代以后，盛行在石碑上刻写经书的风气，比较著名的有《熹平石经》、《正始石经》等。东汉熹平三年（174 年）汉灵帝命蔡邕用隶书书写全部儒家经典，并据此把它们刻在石头上，立在洛阳鸿都门（当时太学的所在地），作为范本，防止错讹。魏明帝正始二年（241 年），由当时的书家邯郸淳等在洛阳太学用古文、小篆和隶书三种字体书写了《易经》、《尚书》、《仪礼》、《论语》、《春秋》和《公羊传》等经书，世称《正始石经》，也叫《三体石经》或《魏石经》。

图 5－1 是云梦睡虎地秦墓竹简局部文样，图 5－2 是《汉张景碑》局部文样，图 5－3 是《正始石经》局部文样。

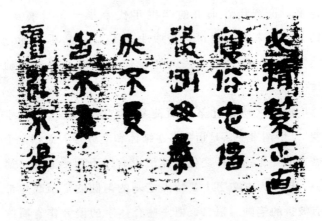

图 5－1

图 5－2

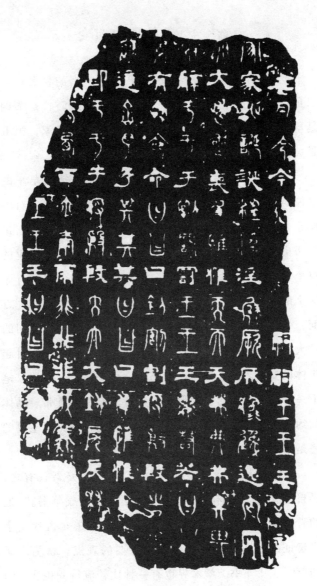

图 5－3

草书的历史演变

本节拟谈以下几个问题：第一是草书的释名；第二是草书产生的原因；第三是草书产生的时代；第四是草书历史演变中的三种主要形式和有关名家；第五是关于草书的意义和局限性。

什么叫草书呢？广义地说，草书就是比较草率的字体。这可以从三方面来看，一方面草书是个相对的概念，即相对于正书而言，它比较草率；一方面它是个历史的概念，即历史上的各种正书一般都有相应的草率写法，古文字有古文字的草率写法，今文字有今文字的草率写法，所以篆有草篆，隶有草隶；再一方面，各种草书一般先在民间流行，并随着流行范围的扩大而引起地位的上升，最终冲击正体的地位，引起正体的变革。狭义地说，草书是一种书体，是书法家笔下一种书法艺术的表现形式，其特征是笔画连带、结体简约。狭义的草书很可能是精雕细刻的草书，但主要的还是草率，往往龙飞凤舞，甚至一笔而成字、成篇。

宋人张栻《南轩集》认为："草书不必晋代有之，必自笔札已来便有之——但写得不谨，便成草书。"他的看法是大胆的，也是正确的。郭沫若在《古代文字之辨证的发展》中曾提出一个重要的观点，认为广义的草书先于正书。学术界也有一种比较流行的说法，叫做自有文字以来就有草书。的确，草书是为了书写方便快捷而产生的一种字体，而任何书体在使用过程中都有简便易写的要求，都有笔画省简和字形简率的趋势。例如甲骨文，早期写法一般比较正规，晚期写法往往带有草率倾向（这当然不是严格意义上的草书，因为当时草书可能写在简书或其他材料上，现在已经难以见到了）。

草书是应书写方便快捷的要求而产生的一种字体，所以又有"赴急书"之称。梁武帝萧衍《草书状》认为，今草的产生是由于"诸侯争长，简檄相传，望烽走驿，以篆隶之难不能救速，遂作赴急之书，盖今草书是也。"意思是说，地方势力相互争夺，相互间接触频繁，公文很多，而篆书、隶书这些比较正观的书体难写，不能应急，于是就创造出应急的书体，就是现在的草书。

关于草书产生时代，广义地看，是有文字便有了草书；狭义地看，则一般认为是产生于汉初。历史上第一次提到草书之名的，是《说文解字·叙》，叙中明确指出"汉兴有草书"。由于现在通行的汉字是隶变以后定型的，加上直到《说文解字·叙》才提出草书这个名称，而大致也就在东汉初年才有草书家出现，因此，草书始于汉初的说法得到普遍的认可。根据历史记载，东汉明帝曾派驿马让北海敬王刘睦"作草书尺牍十首"，东汉章帝曾诏令齐相杜度草书奏事。可见从东汉初年以来，草书已经登上了大雅之堂。

草书自身也有一个发展演变的过程，大致说来，从汉到唐，先后出现了章草、今草和狂草等主要形式。

唐人张怀瓘说："章草即隶书之捷。"既然章草是隶书的便捷写法，所以又称为隶草。章草的"章"字，有说是因为汉元帝时史游作《急就章》而得名，有说是因为汉章帝诏令杜度草书言事，因章奏之章而得名，或者因章帝之章而得名，清代刘熙载则认为："章草有史游之章草。盖其《急就章》解散隶体，简略书之。此犹未离乎隶也。有杜度之章草，盖章帝爱其草书，令上表亦作草书。是则用章，实则草也。"这种说法把史游《急就章》、杜度章奏言事、章帝爱好草书综合起来，并略加分类。现代一般认为，"章"的意思是章法条理。"章草"相对于"今草"而称名，与今草漫无拘束、随心所欲的风格形成强烈对比，而且有较严格的条理法则，所以人们把汉代带隶书笔法的草书称为"章草"，把后来带楷书笔法的草书称为"今草"。清代段玉裁说："其各字不连绵者曰章草，晋以下相连绵者曰今草。"这是从章草性质来探讨章草得名，比较可信。章草笔画有波势，有断有连，而字字独立，不相牵连，认读起来一般不会出现什么问题。

章草发展到汉末，又受到楷书的一些影响，逐渐脱去隶书的笔意，字与字之间形成相互牵连贯通的笔势，并且相近的偏旁有所合并，于是形成了一种新的草书书体——今草。通常所说的草书就是指的"今草"。东汉末年，出现了一位著名的草书书法家张芝，字伯英，他的书法精妙绝伦，人称"草圣"，他不但善写章草，而且是今草的主要首创人之一。三国时魏人韦诞学习张芝的书法，说张芝的书法"超前绝后，独步无双"。唐人李嗣真更将张芝书法列为逸品，认为："伯英章草似春虹饮涧，落霞浮浦；又似沃雾沾濡，繁霜摇落。"唐张怀瓘《书断》则把张芝的章草、今草列为神品，说他"尤善章草书，出诸杜度、崔瑗。龙骧豹变，青出于蓝。又创为今草，天纵颖异，率意超旷，无惜是非。若清涧长源，流而无限，萦回崖谷，任于造化"。

到了唐朝，又出现了一位著名的草书书法家张旭，字伯高，首创"狂草"，人称"草仙"。他的草书与当时李白的诗歌、裴旻的剑舞并称"三绝"，并与另一位狂草名家并称"颠张狂素"。历代书论对他评价极高，有人说他"立性颠逸，超绝今古"，有人说他"卓然孤立，声被寰内"，有人说他的书法"逸势奇状，莫可究测"。

狂草是今草进一步艺术化了的表现方式，常常一笔数字，连绵不绝，恣肆放纵，形状十分奇丽。从书法艺术的角度看，草书是无可挑剔的；从汉字字体构造、演变和书写的角度看，草书的价值在于简便易写，省时省力。草书（特别是狂草）的缺点则是漫无边际、不易辨认。简单地说，草书的优缺点都是一个"草"字。需要特别指出的是，现代简化字大部分都是来源于草书的楷化，使草书的优点得到了历史性的体现。这是一。再一点，为了克服草书的缺点，自古至今都有很多书法名家在对草书进行标准化的处理，使之有所收敛，形成一个大致可以为大家共同遵循的规范。近人于右任极力倡导标准草书，并为草书制定了易识、易写、准确、美丽四个原则。明人韩道亨于万历四十一年（1613 年）书写的《草诀百韵歌》，把比较通行的草字集中起来，找出它结体和行笔中的某些规律，编成五字一句韵文，十分便于记忆。该帖起首有论：

草圣最为难，龙蛇竞笔端。毫厘虽欲辨，体势更须完。

有点方为水，空挑却是言。宀头无左畔，辶绕阙东边。

《淳化阁帖》卷一收有汉章帝一帖，卷二收有汉张芝一帖，今举其局部作为图5-4和图5-5，请参看。

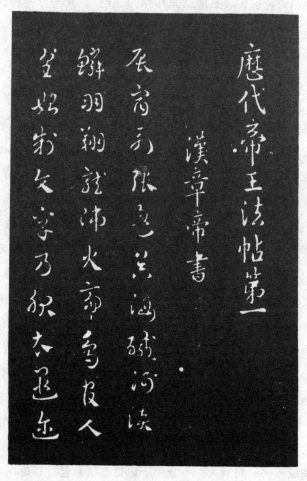

图 5-4

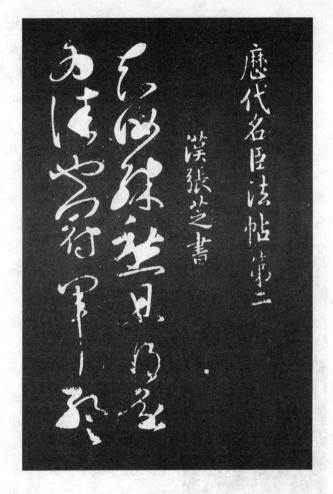

图 5-5

 楷书和永字八法

楷书也有广狭二义：广义的指具有法度、可作楷模的各种字体，如标准的小篆、标准的隶书等，历史

125

上都有叫做"楷"的；狭义的专指在汉隶基础上省改波磔、增加钩挑而成的一种书体，也叫"正书"、"真书"。唐人张怀瓘《书断》说："楷者，法也，式也，模也。"这是说，楷书可作为习字的法式楷模，所以叫做楷书。现在通常说的楷书主要是指狭义的楷书。

楷书萌芽于西汉，成熟于东汉末年，由汉隶蜕变而来，所以历史上还称它为"今隶"。至三国魏钟繇和晋王羲之，进一步规范体势、创制法则，使楷书彻底与汉隶分流，成为一种完全独立的书体。《宣和书谱·正书叙论》说：在东汉章帝时，王次仲"始以隶字作楷法"，所谓楷法，就是正书，正书由此开始在社会上流传。"降及三国钟繇者，乃有《贺克捷表》，备尽法度，为正书之祖；晋王羲之作《乐毅论》、《黄庭经》，一出于世，遂为今昔不赀之宝"。"不赀之宝"意为无价之宝。此举钟繇《宣示表》（局部）、王羲之《黄庭经》（局部）示例，作为图5-6和图5-7。

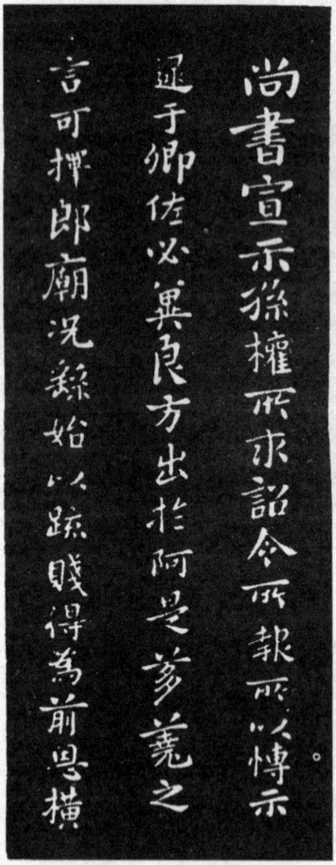

从图中可以看到，楷书形体方正，笔画平直，给人一种规范、庄重、典雅的感觉。楷书和隶书比较起来，

图5-6

一方面，基本点一致，没有特别大的差别，隶书的方块形状、直线笔画、偏旁系统等特点，都在楷书中得以保留。另一方面，楷书的线条更平直，某些偏旁更简化，用笔和字势有所改变，而字形定型化则得到进一步加强。具体说来，汉隶的笔势大多是扁方形状，向外摊开，而楷书的笔势则大多是长方形状，向内集中。汉隶的用笔大多带有波磔，粗细变化很大，而楷书的用笔要么比较平稳，要么出现硬折，粗细变化相对小些。

作为定型化的一种重要表现，楷书的点画用笔和字体结构都有基本的规则和方法。前人对这些规则和方法

图 5－7

进行总结，归纳出"五势"、"七势"、"八诀"、"十三诀"、"八法"、"十四法"、"二十四法"、"三十六法"、"五十四法"、"七十二法"和"九十二法"等。

相传晋代书法家卫夫人作《笔阵图》，总结出楷书的七种基本笔法，叫做"七势"，主要内容是：

一（横），如千里阵云；

、（点），如高峰坠石；

丿（撇），陆断犀象；

乚（卧钩），百钧弩发；

｜（竖），万岁枯藤；

乙（折钩），崩浪雷奔；

亅（竖钩），劲努筋节。

"八诀"的内容和"七势"差不多，见于唐代欧阳询《八诀》：

、（点），如高峰之坠石；

乚（卧钩），似长空之初月；

一（横），如千里之阵云；

｜（竖），如万岁之枯藤；

乚（斜钩），劲松倒折，落挂石崖；

亅（竖钩），如万钧之弩法；

丿（撇），利剑截断犀象之角牙；

乀（捺），一波常三过笔。

"八法"即著名的"永字八法"，相传出自崔子玉、钟繇、王羲之，有人说出自隋代僧人智永或唐代书家张旭，内容也和"七势"、"八诀"差不多，产生的年代则可能更早。清人冯武《书法正传》载《书法三昧》说："凡学必有要，若网在纲，有条而不紊。'永'字者，众字之纲领也，识乎此，则千万字在矣。"元人李浦光《雪庵八法·八法解》说："'永'字之法有八，曰侧、勒、努、趯、策、掠、啄、磔。八法之势又名曰怪石、玉案、铁柱、蟹爪、虎牙、犀角、鸟啄、金刀。"颜真卿《八法颂》说："侧蹲鸱而坠石，勒缓纵以藏机。弩弯环而势曲，趯骏快以如锥。策依稀而似勒，掠仿佛以宜肥。啄腾凌而速进，磔仰趯以迟移。"

图5-8是楷书"永"字。

图5-8

"侧"是"永"字点画的写法。之所以叫做侧，是因为书法用笔中点势忌讳平而无力。元人陈绎曾《翰林要诀·圆法》说："侧'、'之变无穷，皆带侧势蹲之，首尾相顾，自成三过笔。有偃、仰、向、背、飞、伏、立等势，柳叶、鼠矢、蹲鸱、栗子等形。"

"勒"是"永"字横画的写法。之所以叫做勒，是因为书法用笔中横势忌讳顺笔平过。《翰林要诀·平法》说："勒'一'，上平、中仰、下偃，空中远抢，以杀其力，如勒马之用缰也。"

"努"是"永"字竖画的写法。之所以叫做努，是因为书法用笔中竖势忌讳僵直无力。宋人陈思《书苑菁华》卷二《永字八法详说·努势第三》说："努不宜直其笔，笔直则无力，立笔左偃而下，最须有力。"

　　"趯"是"永"字钩画的写法。之所以叫做趯，是因为书法用笔中钩势忌讳迟缓滞涩。《书苑菁华》卷二《永字八法详说·趯势第四》："趯自努出，潜锋轻挫，借势而趯之。"

　　"策"是"永"字仰横的写法，也叫"挑"。清人包世臣《艺舟双楫》说："仰划为策者，如以策（马鞭）策（抽打）马，用力在策本，得力在策末，着马即起也。"

　　"掠"是"永"字长撇的写法。《艺舟双楫》说："长撇为掠者，谓用努法下引左行，而展笔如掠。""掠"虽然指的是迅速掠过，但也不能过分轻飘。

　　"啄"是"永"字短撇的写法。要求落笔左出，快捷峻利，就像飞禽啄物。

　　"磔"是"永"字捺画的写法。也叫"波"，要求落笔缓行，顺势而下，收笔含蓄。

　　从上面引证中可以看出，"永字八法"讲用笔（主要是毛笔）要多于讲结体。关于结体，历代书法家也很有讲究，提出过许多很有价值的概念，例如"顶戴"、"向背"、"覆盖"、"撑拄"、"留放"、"映带"、"穿插"、"避就"、"偏侧"、"相让"、"补空"、"疏密"、"贴零"、"捷速"、"意连"、"呼应"、"血脉"、"缓前急后"、"雁不双飞、蚕无二设"等等。限于篇幅，这里不另作解释。

　　可能和长期使用"象形"和"表意"文字体系有关，汉民族是一个艺术感觉异常敏锐的民族，这可以从楷书中得到充分的体现。按说楷书是具有严格法则、十分规范的文字形式，如讲究"永字八法"等，但是，就在这个"条条框框"之中，我国古代优秀的书法家还是照样寻找到了个人独特的风格，因而在楷书史上就有各种各样楷书书体的出现，如魏体、欧体、褚体、颜体、柳体、瘦金体、赵体等等。

所谓"魏体"，是指北朝元魏时石刻、摩崖、造像石上的书体，又称"北碑体"或"魏碑体"。魏体形态多变，而以方正凝重为主，是隶楷变法时期的一种重要书体。清末以来，由于阮元、包世臣、康有为等人的提倡，魏体受到重视，形成"魏学"，并经书法家对魏体进行规范和夸张，形成"新魏体"，现在报刊上的魏体就是新魏体。欧体是唐代欧阳询所创楷书书体，褚体是唐代褚遂良所创楷书书体，颜体是唐代颜真卿所创楷书书体，柳体是唐代柳公权所创楷书书体，瘦金体是宋徽宗赵佶在唐人薛稷楷书书体基础上所创楷书书体，赵体是元代赵孟頫所创楷书书体。在众多楷书书体中，颜体的雄健庄重、瘦金体的遒劲华丽尤其值得关注。

图5-9、图5-10和图5-11分别是魏体、颜体和瘦金体的示例。

图5-9

图 5-10　　　　　　　　　　图 5-11

 行书和行书名家

　　行书是介于草书和楷书之间的一种书体，也是日常最常用的一种书体，因此又可以说它是楷书的草化或草书的楷化。唐人张怀瓘说："不真不草，是曰行书。"清人宋曹说，行书"即真书之少纵略，后简易相间而行，如云行水流，浓纤间出，非真非草，离方遁圆，乃楷隶之捷也"。楷书写得快了，笔画间出现连带变形，便成了行书；草书写得慢了，笔画间的连带变形有所减少，便成行书。跟楷书和草书比较起来，楷书就像人的正步走，草书就像人的快步跑，行书就像人的快步走，所以行书最常用。

事实上，行书也正是为了补救草书难于辨认和楷书书写太慢而产生的。东汉末年，草书和楷书盛行，行书一方面受草书的影响，一方面又受楷书的影响，同时又纠正草书的漫无标准，避免楷书的书写费力，于是才出现了这种介于两者之间的行书，也部分地发挥了两方面的优点。由于行书是草书和楷书之间的一种书体，所以草书成分多的，也可叫做"草行"或"行草"；楷书成分多的，也可以叫做"行楷"或"真行"。唐人张怀瓘《书议》说："兼真者谓之'真行'，带草者谓之'行草'。"清人刘熙载《艺概》说："行书有'真行'，有'草行'。'真行'近真而纵于真，'草行'近草而敛于草。"

凡是文字，都有两方面的要求，既要写得快，又要易于辨认，这就是前面讲到过的简易律和区别律，而行书也正是在"简"与"明"两方面的要求下产生的。行书近于楷书而不拘泥，近于草书而不放纵，笔画连绵，各字独立，有着自己独到的风格和特点，最适合于人们日常的运用，如普通写信、写稿、记录、记账等等，用的都是行书。所以蒋善国《汉字学》上说："尽管行书和草书一样，在汉字发展史上向来没有取得正统地位，可是行书向来和真书并行，它的实用价值不在真书以下。"

历代的行书名家很多，而首推晋代的王羲之。王羲之，字逸少；又因做过右军将军、会稽内史，所以又称王右军、王会稽。他年少时精心学习卫夫人的书体，后来草书学张芝，楷书学钟繇，博采众长，精研体势，一变汉魏质朴书风，而创出妍美流畅的书体，并且达到了神妙的境界，古今无双。梁武帝《古今书人优劣评》说："王羲之书字体雄逸，如龙跳天门，虎卧凤阙，故历代宝之。"其实，王羲之的书法在当时已为世人所倚重。相传有一个卖竹扇的老太太，每把竹扇才卖二十钱，王羲之在每把竹扇上各题了五个字，于是扇价大增，每把百钱，而竹扇竟被一抢而空。唐太宗更是酷爱王羲之的书法，并且亲自给《晋书》撰写《王羲之传论》，大加称赞说："详察古今，研精篆素，尽善尽美，其惟王逸少乎！""心摹手追，此人而已，其余区区之类，何足论哉！"

王羲之的书迹传世很多，但大多是后人的摹本，有些还可能是后人伪托的，还有些则难辨真伪。如被书家列为行书极品的《兰亭序》，60 年代中期后在学术界就发生过一场大论辩，郭沫若、宗白华、王一羽、龙潜、启功、于硕、徐森玉、赵万里、李长路、史树青等人认为是伪托之作，章士钊、高二适、商承祚等人则认为是真迹。我们认为，《兰亭序》的真实性是毋庸置疑的，其历史价值是毋庸置疑的。

图 5－12 和图 5－13 分别是《兰亭序》局部和《宾至帖》的文样，供读者对比赏析和评判。

《兰亭序》记载的是东晋穆帝永和九年（353 年）三月三日，王羲之与谢安、孙绰等在山阴（今浙江绍兴）兰亭"修禊"（一种消除不祥的古代风俗），各人

图 5 - 12

作诗并由王羲之作序。序中记叙兰亭周围的山水美和
聚会的欢乐情，抒发好景不长、生死无常的感慨。法
帖相传之本共 28 行，324 字。到了唐代，真本被唐太
宗所得，推崇为王羲之书法的代表，曾命赵模等钩摹
数本，赐给亲贵近臣。唐太宗死后，把原本殉葬，所
以传世的《兰亭序》只是摹本。

　　应该说，唐宋时代行书（还有楷书、草书）的发达

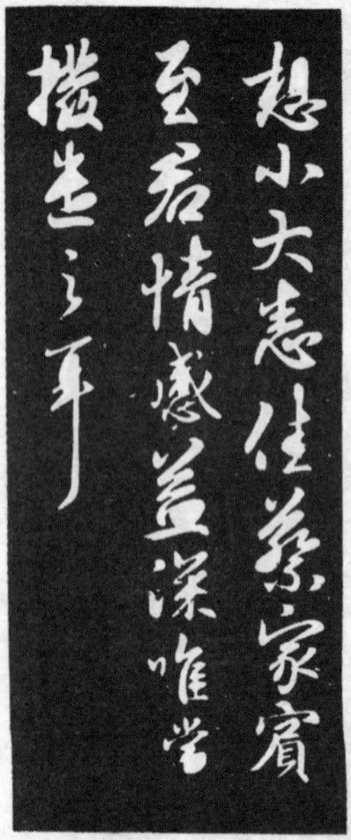

图 5-13

昌盛，是和唐宋皇帝的喜好和提倡分不开的，而许多皇帝本身也是书法名家，如唐太宗、唐高宗、宋太宗、宋英宗等。另外，唐宋时代文学艺术和学术思想活跃，也对行书的盛行起到了一定的促进作用。唐代的一些大书法家不仅楷书写得好，而且行书也负有盛名，如欧阳询、虞世南、颜真卿、褚遂良、薛稷等。到了宋代，则更有苏轼、黄庭坚、米芾、蔡襄等名家辈出。图 5-14 是米芾的书迹。

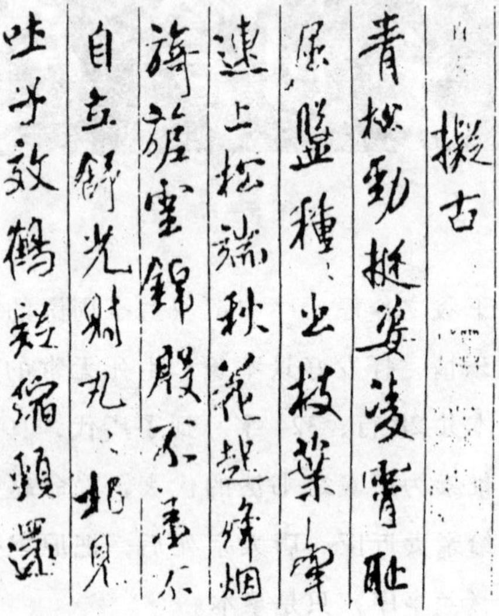

图 5-14

汉字形体演变大要

对于汉字形体的演变，大致有两种排列次序，一是甲、金、篆、隶、楷、草、行，二是甲、金、篆、隶、草、楷、行。有读者会问，楷书和草书到底哪种应该排在前面？能不能定出一种统一的公认的顺序？

我们认为要想给楷、草出现的先后顺序做出统一的、公认的安排，目前似乎还不大可能，今后恐怕也很难办到。这是因为，两种排法各有各的道理，而分歧则主要源于双方观察问题所采取的角度不同。

既然理解重于取舍，而分歧产生的根源在于观察角度的不同。那么关键便是对汉字形体及其演变过程中的诸种关系有正确把握。下面不妨从字体与书体之间的关系谈开去。

原则上说，字体是属于文字学范畴的概念，凡是有共同构造特征的一类文字就叫一种字体；书体是属于书法范畴的概念，凡具有共同表现特征的一类文字就叫一种书体。然而在具体分析汉字形体演变过程时，为了实用的目的，人们却不得不同时考虑字体、书体两个方面，很容易造成杂糅。如据字体标准，甲骨文、金文、大篆、小篆等为一系，图绘性较强，可统称古汉字；隶、楷、行、草等为一系，符号性较强，可统称今汉字。而据书体标准，则每种字体都允许有其正规体、简捷体以及介于其间的中间体。清刘熙载《书概》说："楷无定名，不独正书当之。汉北海敬王睦善史书，世以为楷，是大篆可谓楷也。卫恒《书势》云王次仲始作楷法，是八分为楷也；又云伯英下笔必为楷，则是草为楷也。"可见广义的楷书相当于正规体；依此类推，则简捷体均可名为"草"，楷、草之间均可名为"行"。郭沫若在《古代文字之辩证的发展》一文中曾提出草书先于正书的观点，裘锡圭在《文字学概要》一书中曾提出金文为正、甲骨文为俗的观点，显然都是从广义着眼的。

这样一来。由于字体、书体两重标准的合用，便自然而然地导出了广义与狭义、共时与历时、主与次、名与实等一连串的矛盾，也就为学者们的选择提供了多个层次、多个角度，遂使关于古今汉字形体演变次第的排列呈纷纭之势。这种情况告诉我们，在探讨汉字形体发展轨迹的时候，一要开阔视野，二要把握重点，三要辩证地看问题，否则将会无所适从。

为了补救诸家直线排列的不足，下面试做一个层面示意图，谨供参考。

从图 5-15 中可以看出，楷、草、行三书基本上

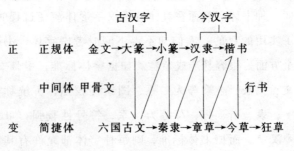

图 5-15

只有正变之别，并无先后之分。而根据古代实物资料和古今多数学者的记述，狭义的楷书、行书、草书（今草）大致都是在东汉末年臻于成熟的，也恰与此一图示相符合。

 ## 6 现代汉字的构造之美

我们前面讲到，秦代的篆书以及在篆书和古隶基础上出现的汉隶奠定了方块汉字的基础，使汉字逐渐走向了定型化的轨道。由于像钟繇、王羲之、欧阳修、虞世南、褚遂良、颜真卿、柳公权等书法名家历代辈出，更由于印刷术的发明和推广，加上楷书自身具有简洁明了、易于把握的特点，使得楷书终于完成了汉字定型化的使命。也就是说，是楷书把篆隶的初级规范加以发展和巩固，把汉字形体带入了完全成熟的境界，并一直通行到现在。古今楷书，除了繁体和简体、异体和正体等方面的区别外，基本面貌始终如一，因此，我们这里讲现代汉字的构造，主要就是讲楷书的构造。

我们前面还讲到，汉字有"方块汉字"之称，是十分讲究艺术性和造型美的。那么怎样把汉字的方块型和它的艺术性、造型美联系起来呢？这种联系就在于，一个汉字占有一个方块的空间，在每一个方块里要合理地安排下各种笔画、偏旁，而所有的方块汉字又大小一律，横平竖直，这样就把内容的变化和外部的整齐有机地统一起来。打个比方说，每个汉字就像一座精美的建筑，字的底部构造总显得是稳固的，字的中间构造不但合理，而且巧妙，字的上部构造同样十分讲究"精、巧、美"。试想，成千上万的汉字，就有成千上万种变化，千百年来千锤百炼，该有多么不容易。在这种意义上来说，汉字的美甚至要超过建筑的美。

我国清代有位书法家名叫黄自元，他写了一本书，专门研究汉字的间架结构，名为《间架结构摘要九十二法》，为了印证上面的观点，提供形象直观的材料，便于读者理解，下面我们不妨从他的"摘要"中再摘要十二法，按原序排列。

第一法——字例："宇、宙、定、宁"。字法："天覆者，凡画皆冒于其下。"意思是说，像"宇、宁"等从"宀"的字，以及类似的字，间架结构是上部覆盖下部，下部的笔画都要被"宀"覆盖住，这样才稳定、精巧、美观、大方。

第四法——字例："读、蛛、议、绩"。字法："让右者，右伸左缩。"意思是说，像"读、绩"等字，右部结构复杂或笔画繁多，形成间架结构的主体，而左部结构简单或笔画较少，形成间架结构的附着，所以要左让右，右部伸展，左部略为压缩。这样就美，否则就不美。

第十六法——字例："目、自、因、固。"字法："左右有直，宜左收而右展。"意思是说，像"目、固"这些字，左右都有竖画，应该左边的竖画有所收敛，右的竖画有所舒展。汉字就这样，像这一条和上面一条，虽然是"方块"，但要活泛，不能呆板，在平衡中追求不平衡的变化，在不平衡中追求平衡的规范。

第二十九法——字例："此、七、也、乜"。字法："斜勒者，不宜平，平则失势。"所谓"斜勒"，是指像"七"中的横画，"也"字横折中横画。这些横画，不应该过分平直，否则就会显得无力。

第三十三法——字例："恩、息、必、志"。字法："横戈不厌曲。"意思是说，像"心字底"这些字以及类似的字，其中的"卧勾"要写得足够弯曲、流畅，才好看。

第四十八法——字例："弼、辨、衍、仰"。字法："右左占者，中宜逊。"意思是说，左中右结构的字，如果左右占位较大，中间的部分就在适当避让。

第五十六法——字例："治、洪、流、海"。字法："三点法，以下点提锋与上点驻笔相应。"意思是说，三点水的写法，下面点的收笔要与上面点的收笔相互呼应。汉字具有行云流水之美，通常指的是草书和行书，但从"三点法"来看，作为方块汉字典型代表的楷书，如果深究起来，同样具有行云流水之美，要前呼后应，要掩仰得体。

第六十三法——字例："易、乃、毋、力"。字法："体虽宜斜，而字心必正。"意思是说，像"易、力"这些主体部分向左边行笔的字，笔画虽然应该倾斜，但整个字看上去必须平稳、端正。

第六十四法——字例："正、主、本、王"。字法：

"形本自正，而骨力必坚。"意思是说，像"正、王"这些字，字形本身已经十分端正，作为主干的笔画就要讲究坚实有力，不能写得太软或太单薄。

第七十一法——字例："上、下、千、小"。字法："疏者丰之。"意思是说，像"上、下、千、小"这些笔画比较稀疏的字，笔画要写得粗些，足够丰满。

第七十三法——字例："晶、磊、轟、森"。字法："堆叠者消纳之。"意思是说，像"晶、森"这些"品"字形的字，由于偏旁重复、堆叠，该避让的要避让，有所收敛。

第七十六法——字例："丁、芋、宇、亭"。字法："末勾宜微拖，似有带下之势。"意思是说，像"丁、亭"这些收笔为钩的字，钩的写法要稍带拖笔，好像要带出下一个字起笔的样子。这虽然说的是竖写竖排的布局，但从这段话里还是可以看出，一个方块汉字，不但要讲究自身的美，而且要讲究上下左右呼应的美，讲究篇章美。

所谓汉字的间架结构，也就是通常说的部位安排，即这些偏旁在方块汉字中的适当位置，一个汉字包含的偏旁往往多少不等，每个偏旁的笔画也往往多少不等，但不管偏旁多少，笔画多少，最终都要组成一个个大小一律、横平竖直的方块形，这就要求组成这个汉字的各种形体要随着偏旁笔画的多少而发生变化，变得或大或小，或宽或窄，或扁或长，或疏或密。例如，同是一个"火"，在"灭、灰、灯、灾、灸、炎、炭、燃"等字中的大小是有差别的。偏旁笔画的大小、宽窄、扁长、疏密，受组成方块的其他部分的制约。
实际上，这些也正是黄自元《间架结构摘要九十二法》
所探讨的主要内容。

现代学者研究汉字部位或者间架结构，还往往从
比较宽泛的组合关系方面进行归纳。归纳的结果大致
如下：

（1）左右结构以及左中右结构。例如：

比　刊　满　项　魁　　谢

竹　刻　怄　明　旭　　树

（2）上下结构以及上中下结构。例如：

台　学　旦　想　鑫　　器　率

需　觉　丝　塑　森　　意　卒

（3）内外结构。内外结构的字主要有两种类型，
即半包围结构和全包围结构。其中全包围结构又包括
封口的和不封口的两种。例如：

过　病　旬　国　医　周　凶

建　厄　句　图　匿　用　函

（4）单一结构或交叉结构。单一结构或交叉结构
的字不是由偏旁组成的，而是由笔画组成的，它的结
构表现为笔画的安排。例如"一、之、口、人、水、
火、山、金、手、身、又、十、才"。

毫无疑问，以上的分类是粗线条的。懂得一些书
法知识的人都能体会到，汉字的笔画和偏旁是十分讲
究的，有些看起来结构类型几乎相同的字，写起来的
感觉可能会大不相同，甚至差之毫厘，效果就全然两
样了。因此，虽然学习书写汉字离不开对间架结构的

必要了解，但关键还在于练习，在于实践，在于熟能生巧。

　　了解和掌握方块汉字的间架结构，除了对认识汉字、书写汉字有所帮助外，还对查阅汉字字典、掌握一些计算机的汉字输入方法有一定帮助。

六 汉字改革小史

汉字规范小史

任何文字体系都有规范的标准，因为它不仅仅是个人书写记录的工具，更重要的是社会文化交流的工具。汉字也不例外。汉字的规范是汉字书写、印刷的标准、规则，是使用汉字的人们进行书面交际时必须共同遵守的基本准则。

从历史上来看，甲骨文、金文虽没有资料表明它们是规范文字，还存在着大量的异体字及不少草率写法，但作为宫廷或政府文字的部分，写法还是相当一致的。须知这还只是三千年以前早期汉字应用的情形。春秋战国时代，列国纷争，政令不一，社会文化生活处在剧变之中，文字应用同样显得比较混乱，往往此一地不同于彼一地，此一时不同于彼一时。这一方面丰富了汉字的数量和形式，另一方面给此时此地人们与彼时彼地人们的交流传播带来了不少麻烦。随着秦始皇统一大业的完成，"书同文"提上了议事日程，并成为历史的现实。

前面我们谈到了不少石刻文字，如《石鼓文》、《熹平石经》、《正始石经》等，它们除流传永久的功用外，还具有一个重要的功用，就是对文字进行规范，可以给人们提供正式的读本，从而改正传抄错误。如《熹平石经》的蓝本出自大书家蔡邕之手。在东汉熹平三年（174年），汉灵帝特命蔡邕用标准隶书对全部儒家经典进行规范书写，据此上石，立在当时太学的所在地，作为定本，以防错讹。在著名的西安碑林中，有一套《唐石经》，因为刊成于唐代开成二年（公元837年），所以又称《开成石经》。《唐石经》标题用隶书，正文用楷书，内容包括全套《十三经》，人称"石质书库"。同《熹平石经》等一样，《唐石经》同样是立在太学所在地，由此可见，历代石经的一个重要功用就是规范文字。

从秦代李斯的《仓颉篇》开始，历史上就出现过许许多多带有正字性质的书。《仓颉篇》首章说："仓颉作书，以教后嗣。幼子承昭，谨慎敬戒。勉力风诵，昼夜勿置……"《仓颉篇》最初当是用标准篆书书写的。其后的《说文解字》、《玉篇》、《正字通》和《康熙字典》等历史上著名的字典辞书，毫无疑问都对正字法作出过贡献。专门为刊正汉字形体而作的字书仅在唐代就有《干禄字书》、《五经文字》、《九经字样》等。《干禄字书》把楷书文字分别为俗、通、正三体，作者颜元孙认为俗体可用于书写文案、药方等，通体可用于书写表奏尺牍等，正体可用于著书立说、科举考试等。这些整理辨正的工作在楷书史上是较早的一次，对后来楷书的规范化起到了积极作用。《五经文字》是一部辨正经传文字形体的著作，作者张参据

《熹平石经》、《说文解字》、《字林》、《经典释文》等书校勘订正五经，确立了经书文字的楷书规范。《九经字样》是对《五经文字》的补正，唐玄度作。

新中国成立以来，汉字规范化受到充分的重视。1955 年 12 月中华人民共和国文化部和中国文字改革委员会联合公布了《第一批异体字整理表》，1964 年 5 月中国文字改革委员会编印《简化字总表》，1965 年 1 月中华人民共和国文化部和中国文字改革委员会联合发布了《印刷通用汉字字形表》，1977 年 7 月中国文字改革委员会和国家标准计量局发布《关于部分计量单位名称统一用字的通知》，1988 年 3 月国家语言文字工作委员会和新闻出版署在《印刷通用汉字字形表》的基础上制订《现代汉语通用字表》，并予发布。以上这些是汉字正字法的规范化依据，凡是不符合文件规定的用字，都是不规范字。

《第一批异体字整理表》举例如下：

柏，选用规范字从"木"、"白"，淘汰异体字从"木"、"百"；

查，选用规范字从"木"、"且"，淘汰异体字从"木"、"且"；

耻，选用规范字从"耳"、"止"，淘汰异体字从"耳"、"心"；

奸，选用规范字从"女"、"干"，淘汰异体字从三"女"；

杯，选用规范字从"木"、"不"，淘汰异体字从"不"、"皿"和从"木"、"否"；

粗，选用规范字从"米"、"且"，淘汰异体字从"牛"、"角"和从三"鹿"；

凄，选用规范字从"冫"、"妻"，淘汰异体字从"氵"、"妻"和从"忄"、"妻"；

鹅，选用规范字从左"我"右"鸟"，淘汰异体字从上"我"下"鸟"和从左"鸟"右"我"；

拿，选用规范字从上"合"下"手"，淘汰异体字从左"合"右"手"、从上"奴"下"手"和从上"如"下"手"。

《现代汉语通用字表》是为了适应出版印刷、辞书编纂和汉字机械处理、信息处理等方面的需要而制订的，共收入 7000 汉字，其中包括《现代汉语常用字表》所收入的 3500 个汉字。其选字原则是：①根据汉字的使用频率，选取使用频率高的字；②在使用频率相同的情况下，选取学科分布广、使用度较高的字；③根据汉字的构词能力，选取构词能力较强的字；④根据汉字的实际使用情况斟酌取舍。有些字，书面语中很少使用，进行用字统计时往往统计不到，但在日常生活中却比较常用，像这类字也适当选取。根据《现代汉语常用字表》的统计，3500 个汉字的覆盖率达 99.48％，《现代汉语通用字表》成倍增加字数以后，其覆盖率还会更高。

汉字简化小史

前面曾经谈到过文字具有简易性和区别性相统一

的"经济原则";由于它要求既简且明,因而又可以称为"简明原则"。经济原则或简明原则,在汉字的发展和构造上表现为相反和相成的两种趋势。简的方面自然趋向于简单易行、省时省力,一般是和简化联系着的;明的方面一般是和形态鲜明、易于辨认,一般是和繁化联系着的。由此造成简化和繁化这对矛盾,并在繁简之间取得统一和平衡。这种统一和平衡在不同的阶段有不同的表现。例如商周甲骨文、青铜器铭文等早期的汉字,因为处在发展之中,还需要增加字数、完善形体,因而可以说是以繁化为主的阶段。在这个阶段,形声字剧增,甚至出现了不少"叠床架屋"式的构型。繁化满足了区别性的要求,但却给识读和书写增加了难度,于是在春秋战国时代,应汉字发展自身的要求,也应社会发展对汉字的要求,简化便自然而然地成为一时的主流。

秦始皇和李斯施行的"书同文"政策,事实上是在过于简率的东土文字和相对繁难的西土文字之间进行折中,而主要解决的则是规范问题。由此说到正和俗一对概念。一般的,官方从"正",更多考虑的是要增加区别性,因而字形相对繁一些;民间从"俗",更多考虑的是增加简易性,因而字形相对简一些。篆和隶既是正和俗的关系,又是繁和简的关系,而同时流行于民间的还有更简的章草。后来隶书便在篆草之间进行折中,并逐渐取代篆书成为正体。楷书取代隶书,今草取代章草,不断更新,从民间吸取营养,又开始新一轮的发展。繁和简的转换,正和俗的转换,都是在相互矛盾中得到相对统一，在相互对立中得到相对平衡，汉字历史发展的辩证过程，大抵就是如此。汉魏六朝的碑刻，唐代的写经，都曾经使用过简体字。印刷术发明以后，不少简体字出现在书籍上，流行的范围又有进一步的扩大。简体字在历史上第一次取得合法地位是在太平天国时，当时的玉玺和旗帜都有简体的"国"字。

这里需要特别说明三点。

其一，区别性和简易性、繁和简、正和俗都是相对的，同样应该用辩证的、历史的眼光去看待它们的关系，不能把它们绝对化、固定化。区别性强的字，形体结构和笔画数目并不见得个个都繁杂，其地位也并不见得都已经成为正体。由此说来，历史上不少的简字、俗字，个性鲜明，易认易写，现代简化字把它们吸收进来，使其取得正体的地位，成为法定的文字，既顺乎自然，又合乎民意。

其二，汉字是汉民族广大民众长期摸索、共同创造的结晶，也是汉民族广大民众长期摸索、共同创造的结果。历史上流行的简字、俗字，往往集中了民众的智慧，便利了民众的事务，可谓来自民众，行于民众，千锤百炼，精益求精，一般是不应当以高高在上的态度对待的，忽视它们的存在或者挑剔它们的流俗，而仅以"古雅"为唯一的判断标准。

其三，汉字之所以要简化，是因为事实上存在着简化的可能性和必要性。所谓可能性，从大的方面说，作为记录语言的工具，文字须跟着语言走，而汉字却走上了表意的道路。虽然这适应了汉语方言复杂等的特点，但毕竟造成了语言与文字不统一的矛盾，因而即使是训练有素的专家，有时也难免要为大量的同音字词的选择感到困惑，特别是进入电脑时代以来，同音字词已经给汉字的语音输入带来了许多麻烦。不要以为这只是汉语的问题，实际上也大有汉字习惯干扰的因素在起作用。从小的方面说，汉字本身还存在着大量的多余部件和笔画，这些部件和笔画如果真的都加以充分利用的话，足以构成上百万、上千万的汉字，而不只是现在的数千、数万（常用的仅有 5000 个左右）。这意味着汉字的部件和笔画还大有简化的余地，而简化以后绝不会影响到汉字的质量。简化汉字，不仅具有客观的可能性，而且具有现实的必要性。随着社会生产的发展和社会文化的进步，特别是进入电脑时代以后，使用汉字的场合越来越多，如果书写或输入的速度上不去，就难以适应现代化的需要。在历史上，隶书、楷书等之所以能够从民间的"流俗"登上大雅之堂，不正说明在实际应用中，人们总是喜欢使用简便快捷容易书写的简体字吗？简体字不断产生，以其旺盛的生命力扎根于民众之中，最终能够取代正统的繁体字而成为法定的文字，这绝不会是偶然的。

总之，删繁就简和化繁为简是长期以来汉字发展演变中的一条重要规律。在这里，最要不得的就是抱残守缺、妄自尊大的态度，或者厚今薄古、唯传统论的思想。

根据《中国大百科全书·语言文字卷》，近现代的汉字简化运动可以追溯到 20 世纪初。1909 年，陆费逵在《教育杂志》创刊号上发表提倡简体字的论文《普通教育应当采用俗体字》。1921 年又发表论文《整理汉字的意见》，提出了整理汉字的办法：限定通俗用字在 2000 个左右；减少笔画，第一步采用已有社会基础的简体字，第二步把其他笔画多的字也加以简化。1922 年，钱玄同在国语统一筹备委员会提出一项《减省现行汉字的笔画案》，指出："文字本是一种工具，工具应该以适用与否为优劣之标准。笔画多的，难写、费时间，当然是不适用。笔画少的，容易写、省时间，当然是适用"，"改用拼音是治本的办法，减省现行汉字笔画是治标的办法"，"治标的办法实是目前最切要的办法"。提案主张把这种过去只通行于平民社会的简体字，正式应用于一切正规的书面语上。钱玄同把简体字的构成归纳为 8 种：①全体删减，粗具框廓，如"龟"；②采用草书，如"为"；③仅写原字一部分，如"声"；④原字一部分用很简单的几笔替代，如"观"；⑤采用古体，如"云"；⑥音符改少笔画，如"灯"；⑦别造简体，如"响"；⑧假借他字，如"几"。

抗日战争时期，简体字的发展主要在当时的解放区。解放区的油印报刊采用并创造了许多简体字。中华人民共和国建立后，经过有组织、有领导的搜集和整理研究，最终公布了全国通用的简化字，确定了简体字的合法地位。

1950 年，中央人民政府教育部社会教育司编制

《常用简体字登记表》。当时依据的原则是：整理已经通行的简体字，必要时根据已有简体字的简化规律加以适当补充；所选定补充的简体字，以楷体为主，间或采用行书和草书，但注意容易书写和便于印刷；简体字的选定和补充，以最常用的汉字为限，不是每一个繁难的汉字都简化。后经征求意见，决定根据"述而不作"原则，于 1951 年拟出《第一批简体字表》，收字 555 个。1954 年 12 月中国文字改革委员会成立，在《第一批简体字表》基础上经反复研究，于 1954 年底拟出《汉字简化方案（草案）》。

1955 年 2 月 2 日，中国文字改革委员会在中央一级的报刊上发表《汉字简化方案（草案）》。把其中的 261 个字分 3 批在全国各省、市、自治区的 50 多种报刊上试用。1955 年 7 月 13 日，国务院成立汉字简化方案审订委员会，董必武任主任委员，郭沫若、马叙伦、胡乔木任副主任委员。1955 年 9 月，中国文字改革委员会根据征求意见结果提出修正草案。删除原草案中的《拟废除的 400 个异体字表草案》和《汉字偏旁手写简化表草案》，把 798 个简化字减为 512 个，增收简化偏旁 56 个。修正草案经 1955 年 10 月全国文字改革会议讨论，简化字由 512 个增加为 515 个，简化偏旁由 56 个减少为 54 个。修改后的修正草案经国务院汉字简化方案审订委员会审订，1956 年 1 月 28 日，国务院全体会议第 23 次会议通过，1 月 31 日由《人民日报》正式公布。

简化汉字的原则是："约定俗成，稳步前进。"约定俗成是在社会习惯基础上因势利导，尽量采用已流行的简化字，只作必要的个别修改补充。稳步前进是不把需要简化的字一次解决，而是分期进行；每期简化的字，也不是一次推行，而是分批使用。

3 汉语注音小史

　　汉字属于表音系统的文字，有自己突出的优点，也有自己突出的缺点。前者如造型优美、信息量大、超越方言、古今一致等，这些上文已有论述；后者如难学难记、冗余量大、不直接表音、不利于推广普通话等。为了克服这些缺点，汉字本身需要向表音方向靠拢，使用汉字的人们要求向拼音方向靠拢。

　　事实上，在长期历史演变过程中，汉字都在不断地向表音方向推进，只是步伐显得有些缓慢，属于系统内部的"微调"，属于量变而非质变。具体情形主要表现在以下几个方面：

　　（1）假借字的广泛运用，如"其"，本义是簸箕的"箕"，同音假借为"其中、其他"等义的"其"。"而"，本义是胡子，假借为虚词。

　　（2）形声字数量的增加，比重从甲骨文时代的20%增多到现代汉字的90%左右。

　　（3）各种标音方法的出现和发展，如直音法、反切法、注音字母和汉语拼音方案，构成一个不断向拼音化方向迈进的阶梯。

　　所谓直音法，就是用一个比较容易认识的字来标注另一个同音字的音的方法，如"盅音古"、"毕音必"等。所谓反切法，就是用两个字拼合成另一个字的音的注音方法，具体说来为上字取声、下字取韵和调，即反切上字和所切之字的声母相同，反切下字和所切之字的韵母和声调相同，如"练，郎甸切"，取反切上字"郎"的声母 l、反切下字"甸"的韵母和声调 iàn，拼合成所切之字"练"的读音 liàn。直音法盛行于汉代，后来一直沿用；反切法从东汉末年直到1918 年注音字母公布之前，都是汉字注音的主要方法之一。但是直音法和反切法都是以整个汉字的音节为单位来注音的，没有突破汉字本身的种种局限性，于是各种拼音方案就应运而生了。

明朝末年以来，首先是意大利传教士利玛窦创制的第一个拉丁字母拼音方案，1605 年在北京出版了《西字奇迹》一书。1626 年法国传教士金尼阁在杭州出版《西儒耳目资》一书，对利玛窦方案有所修改补充，并提供了用字母注音的字汇。学术史上有人把这两家的方案并称"利金方案"。"利金方案"为反切法开辟了一条"不期反而反，不期切而切"的简明途径，大大促进了中国音韵学研究方法的革新，并为此后的汉语拼音化运动提供了经验。

1892～1911 年间，在改良革新思潮影响下，一些爱国的知识分子意识到，要救国图强，就要普及教育，培养人才，克服汉字繁难所造成的学习障碍，掀起了一场切音字运动，1892 年卢戆章发表《一目了然初阶》，仿照拉丁字母笔形，自制了一种"中国切音新字"，宣布了切音字运动的开始，并得到了康有为、梁启超、谭嗣同等维新运动领袖的赞成。

1911 年夏天，中华民国中央教育会召开会议，通过了《统一国语办法案》，提出：设立"国语调查总会"，调查国语的语词、语法和音韵；选择雅正通行的语词、语法和音韵作为标准，编纂国语课本及语典、方言对照表等；审定音、声、话的标准；选定音标，要求完备、简捷、美观；设立传习所，学堂各科需要逐渐改用官话教授。辛亥革命后的 1912 年，中华民国教育部召开会议，通过了《采用注音字母案》，把以前所说的"音标"改称为"注音字母"，用来给汉字注音。在这之后不久，教育部筹备召开了"读书统一会"，首先审定 6500 多字的国音，然后核定音素、裁定字母。所选用的字母总共 38 个，公布时增加一个"儿"字，成为 39 个。

注音字母大致上都有古文字的来源，笔画比较简单，区别比较鲜明。例如：

ㄅ（声母 b），来源于"包"的古字（即"包"字的上半部）；

ㄆ（声母 p），来源于"扑"的古字（即后来所谓的反文旁）；

ㄉ（声母 d），来源于"刀"的古字；

ㄋ（声母 n），来源于"乃"的古字；

ㄌ（声母 l），来源于"力"的古字；

ㄐ（声母 j），来源于"纠"的古字（即"纠"字的右半部）；

く（声母 q），来源于"畎"的古字；

丅（声母 x），来源于"下"的古字；

屮（声母 zh），来源于"之"的古字；

尸（声母 sh），来源于"尸"的古字；

日（声母 r），来源于"日"的古字；

卩（声母 z），来源于"节"的古字（即"节"字的下半部）；

𠀁（声母 c），来源于"七"的古字；

厶（声母 s），来源于"私"的古字（即"私"字的右半部）；

丨（介音 i），来源于"一"（横排竖写，竖排横写）；

㐅（介音 u），来源于"五"的古字（即"五"字中间部分）；

丫（韵母 a），来源于"丫"；

也（韵母 ie），来源于"也"的古字；

𠀄（韵母 ai），来源于"亥"的古字；

幺（韵母 ao），来源于"幺"；

又（韵母 ou），来源于"又"；

乚（韵母 eng），来源于"肱"的古字。

 汉语拼音方案

在切音字运动之后和汉语拼音方案公布之前，除了注音字母方案之外，比较重要的还有国语罗马字运动和拉丁化新文字运动。国语罗马字运动是"五四"

新文化运动的产物，1918 年，钱玄同在《新青年》上发表《中国今后的文字问题》，提出了"废孔学，不可不先废汉文"的主张，吹响了"汉字革命"的号角，此后，先后有吴稚晖、陈独秀、胡适、傅斯年、黎锦熙、赵元任、蔡元培等著名学者先后发表文章讨论或支持国语罗马字。1923 年，中华民国教育部国语统一筹备会第五次大会决定组织国语罗马字拼音研究委员会，1926 年，中华民国教育部国语统一筹备会非正式地公布《国语罗马字拼音法式》，指出："定此《国语罗马字拼音法式》，与《注音字母》两两对照，以为国音推行之助。此后增修《国音字典》，即依校订之国语标准音拼成罗马字，添记于《注音字母》之后，教育、交通、工商各界，如遇需用罗马字时，即以此种拼音法式为标准，以昭划一而便通行。"国语罗马字完全采用 26 个拉丁字母，字母的用法比较接近英文，但由于拼法过于复杂，加上政府部门没有给予应有的支持，结果在社会上的推广普及工作受到了很大阻碍，始终没有走出知识分子的圈子。

拉丁化新文字运动是继国语罗马字运动之后兴起的。当时旅居苏联的中国共产党人瞿秋白、吴玉章、林伯渠、肖三等于 1929 年写成《中国拉丁化字母方案》，1931 年，修改补充为《中国汉字拉丁化的原则和规则》，用为扫盲和普及教育的工具。1935 年，蔡元培、鲁迅、郭沫若、茅盾等六百余人联合提出《我们对于推行新文字的意见》，指出："中国已经到了生死关头，我们必须教育大众，组织起来解决困难。但这教育大众的工作，开始就遇着一个绝大难关。这个难关就是方块汉字，方块汉字难认、难识、难学"，"中国大众所需要的新文字，是拼音的新文字"。由于这些进步学者的倡导，还由于 1938 年国民党政府对于拉丁化的解禁，这场运动在全国，尤其是在陕甘宁边区得到了空前的发展和推广，1940 年 11 月，延安筹建陕甘宁边区新文字协会，发表了《陕甘宁边区新文字协会成立缘起》，指出："我们拥护文字革命，也不妄想一举完成，汉字虽然已经不合时宜，必须采用拼音文字，但汉字有悠久的历史，不是轻易可以废弃而必须使其逐渐演变，才能完成文字改革。目前我们所要做到的便是利用新文字来教育文盲，使他们在最短时间内可以用新文字学习政治与科学，也还可以利用新文字去学习汉字。"

拉丁化新文字运动得到了包括毛泽东、朱德在内的一大批共产党人和一大批进步学者的支持，因而在四十年代就取得了显著的成绩，1949 年，在纪念"五四"运动三十周年期间，许多学者撰文，呼吁在建立人民政权后，继续完成文字改革工作。事实上，后来的汉语拼音方案在许多重要方面是对拉丁化新文字的继承和发展。

新中国成立后，汉语拼音方案的研究进入一个新阶段。1949 年 10 月，民间团体中国文字改革协会在北京成立，内设方案研究委员会，着手进行汉语拼音方案的研究。1952 年 2 月，中国文字改革研究委员会成立，内设"研究并提出中国文字拼音化的方案"的拼音方案组，在成立大会上，马叙伦传达了毛主席的指示："文字必须改革，要走世界文字共同的拼音方向；形式应该是民族的，字母和方案要根据现有汉字来制定。"此后的几年，拼音方案组拟订了好几种以汉字草书笔画为字母的民族形式拼音方案。1954 年 12 月，中国文字改革委员会在中国文字改革研究委员会的基础上成立，次年，"文改会"重新设立拼音方案部，由吴玉章、胡愈之任正副主任，加紧了对汉语拼音方案更全面更系统的研究。

1955 年 10 月，"文改会"召开会议，会上提交讨论的方案已经不单纯是汉字笔画式方案，还增加了一种斯拉夫字母式方案和一种拉丁字母式方案。这次讨论虽然还是没有得出采用哪种字母形式的定论，但提出用"普通话"代称"国语"，并确定了普通话以北京语音为标准音的语音标准，同意汉语拼音方案音素化。1956 年 1 月 20 日，中央召开知识分子问题会议，毛泽东主席在会上谈到"我很赞成在将来采用拉丁字母"，"因为这种字母很少，只有二十几个，向一面写，简单明了"。在会议总结发言中，周恩来总理代表中共中央表明，"拼音方案采用拉丁字母"。至此几年来反复争论、悬而不决的字母形式问题终于有了结论。可以说这个结论得出是慎重的，是把上百年来汉语注音、拼音历史的路在数年中又重新走了一遍，最终还是回到了拉丁字母的结论上。另外，在民族感情和世界通用二者之间，有一个彼此消长的问题，而优劣只是相对的，并不能绝对化。

　　1956 年 2 月，第一个《汉语拼音方案（草案）》发表，经过全国各级政协讨论和国务院汉语拼音方案审订委员会审订，1957 年 10 月又提出修正草案，经 1958 年 2 月 11 日召开的全国人民代表大会一届五次会议正式批准，在全国范围内推行应用，这就是我们今天使用的《汉语拼音方案》。从那以后，《汉语拼音方案》在教学、扫盲、注音、推广普通话、工具书编序检索、通信联络、电脑输入，制定盲文、手语、旗语，进行国际文化交流以及少数民族制定拼音文字等方面得到广泛的应用，成为我国人民文化生活中必不可少的语文工具。1982 年国际标准化组织承认其为拼写汉语的国际标准。

参考书目

1. 李学勤：《古文字学初阶》，中华书局，1985。

2. 裘锡圭：《文字学概要》，商务印书馆，1988。

3. 李荣：《文字问题》，商务印书馆，1987。

4. 王凤阳：《汉字学》，吉林文史出版社，1989。

5. 董琨：《汉字发展史话》，商务印书馆，1991。

6. 王均主编《当代中国的文字改革》，当代中国出版社，1995。

7. 孙钧锡：《汉字基本知识》，河北人民出版社，1980。

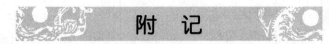

附 记

本书在写作的过程中曾得到董琨先生、叶青女士的热情指导、帮助，谨志谢忱。

作 者

《中国史话》总目录

系列名	序号	书名	作者
物化历史系列（28种）	25	陵寝史话	刘庆柱　李毓芳
	26	敦煌史话	杨宝玉
	27	孔庙史话	曲英杰
	28	甲骨文史话	张利军
	29	金文史话	杜　勇　周宝宏
	30	石器史话	李宗山
	31	石刻史话	赵　超
	32	古玉史话	卢兆荫
	33	青铜器史话	曹淑芹　殷玮璋
	34	简牍史话	王子今　赵宠亮
	35	陶瓷史话	谢端琚　马文宽
	36	玻璃器史话	安家瑶
	37	家具史话	李宗山
	38	文房四宝史话	李雪梅　安久亮
制度、名物与史事沿革系列（20种）	39	中国早期国家史话	王　和
	40	中华民族史话	陈琳国　陈　群
	41	官制史话	谢保成
	42	宰相史话	刘晖春
	43	监察史话	王　正
	44	科举史话	李尚英
	45	状元史话	宋元强
	46	学校史话	樊克政
	47	书院史话	樊克政
	48	赋役制度史话	徐东升

系列名	序号	书 名	作 者
制度、名物与史事沿革系列（20种）	49	军制史话	刘昭祥　王晓卫
	50	兵器史话	杨　毅　杨　泓
	51	名战史话	黄朴民
	52	屯田史话	张印栋
	53	商业史话	吴　慧
	54	货币史话	刘精诚　李祖德
	55	宫廷政治史话	任士英
	56	变法史话	王子今
	57	和亲史话	宋　超
	58	海疆开发史话	安　京
交通与交流系列（13种）	59	丝绸之路史话	孟凡人
	60	海上丝路史话	杜　瑜
	61	漕运史话	江太新　苏金玉
	62	驿道史话	王子今
	63	旅行史话	黄石林
	64	航海史话	王　杰　李宝民　王　莉
	65	交通工具史话	郑若葵
	66	中西交流史话	张国刚
	67	满汉文化交流史话	定宜庄
	68	汉藏文化交流史话	刘　忠
	69	蒙藏文化交流史话	丁守璞　杨恩洪
	70	中日文化交流史话	冯佐哲
	71	中国阿拉伯文化交流史话	宋　岘

系列名	序号	书名	作者
	72	文明起源史话	杜金鹏 焦天龙
	73	汉字史话	郭小武
	74	天文学史话	冯时
	75	地理学史话	杜瑜
	76	儒家史话	孙开泰
	77	法家史话	孙开泰
	78	兵家史话	王晓卫
	79	玄学史话	张齐明
思想学术系列（21种）	80	道教史话	王卡
	81	佛教史话	魏道儒
	82	中国基督教史话	王美秀
	83	民间信仰史话	侯杰
	84	训诂学史话	周信炎
	85	帛书史话	陈松长
	86	四书五经史话	黄鸿春
	87	史学史话	谢保成
	88	哲学史话	谷方
	89	方志史话	卫家雄
	90	考古学史话	朱乃诚
	91	物理学史话	王冰
	92	地图史话	朱玲玲

系列名	序号	书 名	作 者	
文学艺术系列（8种）	93	书法史话	朱守道	
	94	绘画史话	李福顺	
	95	诗歌史话	陶文鹏	
	96	散文史话	郑永晓	
	97	音韵史话	张惠英	
	98	戏曲史话	王卫民	
	99	小说史话	周中明	吴家荣
	100	杂技史话	崔乐泉	
社会风俗系列（13种）	101	宗族史话	冯尔康	阎爱民
	102	家庭史话	张国刚	
	103	婚姻史话	张 涛	项永琴
	104	礼俗史话	王贵民	
	105	节俗史话	韩养民	郭兴文
	106	饮食史话	王仁湘	
	107	饮茶史话	王仁湘	杨焕新
	108	饮酒史话	袁立泽	
	109	服饰史话	赵连赏	
	110	体育史话	崔乐泉	
	111	养生史话	罗时铭	
	112	收藏史话	李雪梅	
	113	丧葬史话	张捷夫	

系列名	序号	书名	作者	
近代政治史系列（28种）	114	鸦片战争史话	朱谐汉	
	115	太平天国史话	张远鹏	
	116	洋务运动史话	丁贤俊	
	117	甲午战争史话	寇伟	
	118	戊戌维新运动史话	刘悦斌	
	119	义和团史话	卞修跃	
	120	辛亥革命史话	张海鹏	邓红洲
	121	五四运动史话	常丕军	
	122	北洋政府史话	潘荣	魏又行
	123	国民政府史话	郑则民	
	124	十年内战史话	贾维	
	125	中华苏维埃史话	杨丽琼	刘强
	126	西安事变史话	李义彬	
	127	抗日战争史话	荣维木	
	128	陕甘宁边区政府史话	刘东社	刘全娥
	129	解放战争史话	朱宗震	汪朝光
	130	革命根据地史话	马洪武	王明生
	131	中国人民解放军史话	荣维木	
	132	宪政史话	徐辉琪	付建成
	133	工人运动史话	唐玉良	高爱娣
	134	农民运动史话	方之光	龚云
	135	青年运动史话	郭贵儒	
	136	妇女运动史话	刘红	刘光永
	137	土地改革史话	董志凯	陈廷煊
	138	买办史话	潘君祥	顾柏荣
	139	四大家族史话	江绍贞	
	140	汪伪政权史话	闻少华	
	141	伪满洲国史话	齐福霖	

系列名	序号	书 名	作 者
近代经济生活系列（17种）	142	人口史话	姜 涛
	143	禁烟史话	王宏斌
	144	海关史话	陈霞飞 蔡渭洲
	145	铁路史话	龚 云
	146	矿业史话	纪 辛
	147	航运史话	张后铨
	148	邮政史话	修晓波
	149	金融史话	陈争平
	150	通货膨胀史话	郑起东
	151	外债史话	陈争平
	152	商会史话	虞和平
	153	农业改进史话	章 楷
	154	民族工业发展史话	徐建生
	155	灾荒史话	刘仰东 夏明方
	156	流民史话	池子华
	157	秘密社会史话	刘才赋
	158	旗人史话	刘小萌
近代中外关系系列（13种）	159	西洋器物传入中国史话	隋元芬
	160	中外不平等条约史话	李育民
	161	开埠史话	杜 语
	162	教案史话	夏春涛
	163	中英关系史话	孙 庆

系列名	序 号	书 名	作 者
近代中外关系系列（13种）	164	中法关系史话	葛夫平
	165	中德关系史话	杜继东
	166	中日关系史话	王建朗
	167	中美关系史话	陶文钊
	168	中俄关系史话	薛衔天
	169	中苏关系史话	黄纪莲
	170	华侨史话	陈　民　任贵祥
	171	华工史话	董丛林
近代精神文化系列（18种）	172	政治思想史话	朱志敏
	173	伦理道德史话	马　勇
	174	启蒙思潮史话	彭平一
	175	三民主义史话	贺　渊
	176	社会主义思潮史话	张　武　张艳国　喻承久
	177	无政府主义思潮史话	汤庭芬
	178	教育史话	朱从兵
	179	大学史话	金以林
	180	留学史话	刘志强　张学继
	181	法制史话	李　力
	182	报刊史话	李仲明
	183	出版史话	刘俐娜
	184	科学技术史话	姜　超

系列名	序号	书名	作者
近代精神文化系列（18种）	185	翻译史话	王晓丹
	186	美术史话	龚产兴
	187	音乐史话	梁茂春
	188	电影史话	孙立峰
	189	话剧史话	梁淑安
近代区域文化系列（11种）	190	北京史话	果鸿孝
	191	上海史话	马学强　宋钻友
	192	天津史话	罗澍伟
	193	广州史话	张　苹　张　磊
	194	武汉史话	皮明庥　郑自来
	195	重庆史话	隗瀛涛　沈松平
	196	新疆史话	王建民
	197	西藏史话	徐志民
	198	香港史话	刘蜀永
	199	澳门史话	邓开颂　陆晓敏　杨仁飞
	200	台湾史话	程朝云